データ
サイエンティストの
秘密ノート

35の失敗事例と克服法

ソフトバンク・テクノロジー(株)
高橋威知郎　白石卓也　清水景絵

SB Creative

はじめに

失敗しない人はいません。データ分析もまた然り。重要なのは、どのように失敗を次に活かすのか。誰もがそうですが、失敗することは大きな心の負担です。次に活かせない失敗は単なる心の負担で終わってしまいます。一方、次に活かせた失敗はデータ分析スキルを向上させます。

一番良くないのは失敗を一人で引きずる人。何かに活かすわけでもなく、いつまでも失敗を頭の中で覚えている。また失敗するのではないかと今に集中できず分析の質が落ちてしまう。慎重になりすぎ分析にスピード感がない。そして、データ分析が実務に活かされない。いっそのことキレイさっぱり失敗を忘れてしまったほうがまだましです。

理想は起こりそうな失敗を前もって知り対策を打てる人。しかし、失敗を先取りするのは至難の業です。

データ分析経験の浅い人は、今も昔も似たような失敗をします。しかし、経験さえ積めば多くは克服できます。つまり、分析経験の浅いときの失敗を記録し、組織内に蓄積すれば、起こりそうな失敗を前もって知ることができます。

この本で、ソフトバンク・テクノロジー（株）の若きデータサイエンティスト（データ分析3年未満の人）の失敗の記録を紹介します。

正直、失敗をさらけ出すことは恥ずかしいことです。しかし、各個人の中にため込んでしまっても仕方ありません。共有する側は、失敗を整理でき、同じ失敗を繰り返しにくくなります。共有される側は、起こりそうな失敗を前もって知り対策を打てます。各個人のデータ分析スキル向上だけでなく、データの組織活用力が高まります。

では、この本を読むことで失敗を事前に防げるのか。一つ言えるのは、この本を読むだけで事前に防げるほどデータ分析は甘くはありません。大なり小なり、わかっていても失敗すると思います。わかっていても失敗するという経験は、二度と失敗しないために非常に有効です。

失敗を乗り越え活かすことで、あなたは唯一無二のデータ分析者となります。どのような失敗を血肉としたかで、データ分析者としてのフィロソフィー（人生観や世界観など）が形成され深みが増してきます。データから読み取る洞察力が増します。味が出てきます。

この本では、データ分析プロジェクトの3つのフェーズ「フェーズ1　準備」「フェーズ2　分析」「フェーズ3　報告」に沿って、35の失敗事例と克服法を提示しています。

ある程度の分析経験のある人にとっては、当たり前のことだらけでしょう。懐かしく思う人もいるでしょう。耳が痛いと思う人もいるかもしれません。

この本で書かれている失敗事例と克服法が必ずしもあなたにとって有効とは限りません。しかし、克服するための糸口が発見できるでしょう。あなたは、自分なりの克服法を考えてください。この本に書かれていない失敗事例を書き足してください。それが、あなたにとって非常に大きな財産となることでしょう。

目次

Chapter 3 分析フェーズを着実に進めるための20の失敗事例……81

Chapter 5 データサイエンティストになりたい！という人に知ってもらいたい「とってもディープな私」

Chapter 1

3つのフェーズで進める
データ分析プロジェクト

1-1 アクションが起こらないデータ分析に価値はない

何のためにデータ分析をするのか？

あなたは何のためにデータ分析をするのでしょうか。分析した結果を眺めるだけではない。実施した過去のことを評価し反省するだけでもない。これからくる未来のことを考え憂えるためでもない。ある目的を達成するためにデータ分析を実施しているはずです。この目的を達成するためには、何かしらアクションが必要になります。

しかし、目的達成にデータ分析は必須ではありません。データ分析をしなくてもよいのです。別の手段（思い・直感・経験値・根拠なき自信など）を使い、何かしらのアクションを起こし目的を達成できるからです。

では、データ分析をして何が嬉しいのか。データ分析の最大の特徴は「目的達成プロセスの質」にあります。データに基づいた客観的な未来の見通しと過去の知見を活かし「今すべきアクションに集中」することで個々のプロセスの質を高めます。より効率的により確実に目的達成に向けたプロセスをドライブします。このようなことがデータ分析で可能になります。

小売店チェーンの経営企画部で次のようなことがありました。今冬の業績が悪くその対策を考える会議の中の出来事です。開口一番、ある声の大きな人が「今冬の店頭業績が悪化したのは暖冬のせいだ」と発言。その発言が前提で議論が進んでいきました。さらに、その声の大きな人が「こういうときは、安売りすれば売上は回復する」と発言。他の参加者は納得したかどうかわかりませんが、そういうものとして議論が進んでいきました。実際に本当にそうかもしれないし、そうではないかもしれない。

「安売りする」というアクションに納得せず疑心暗鬼のまま突き進むとどうなるでしょう。疑心暗鬼なままだとアクションに集中できません。どうにでもなれと、深く考えず「全品30％OFF」みたいな安売りを連発するかもしれません。安売りの適切な時機や適切な商品、適切

何のためにデータ分析をするのか?

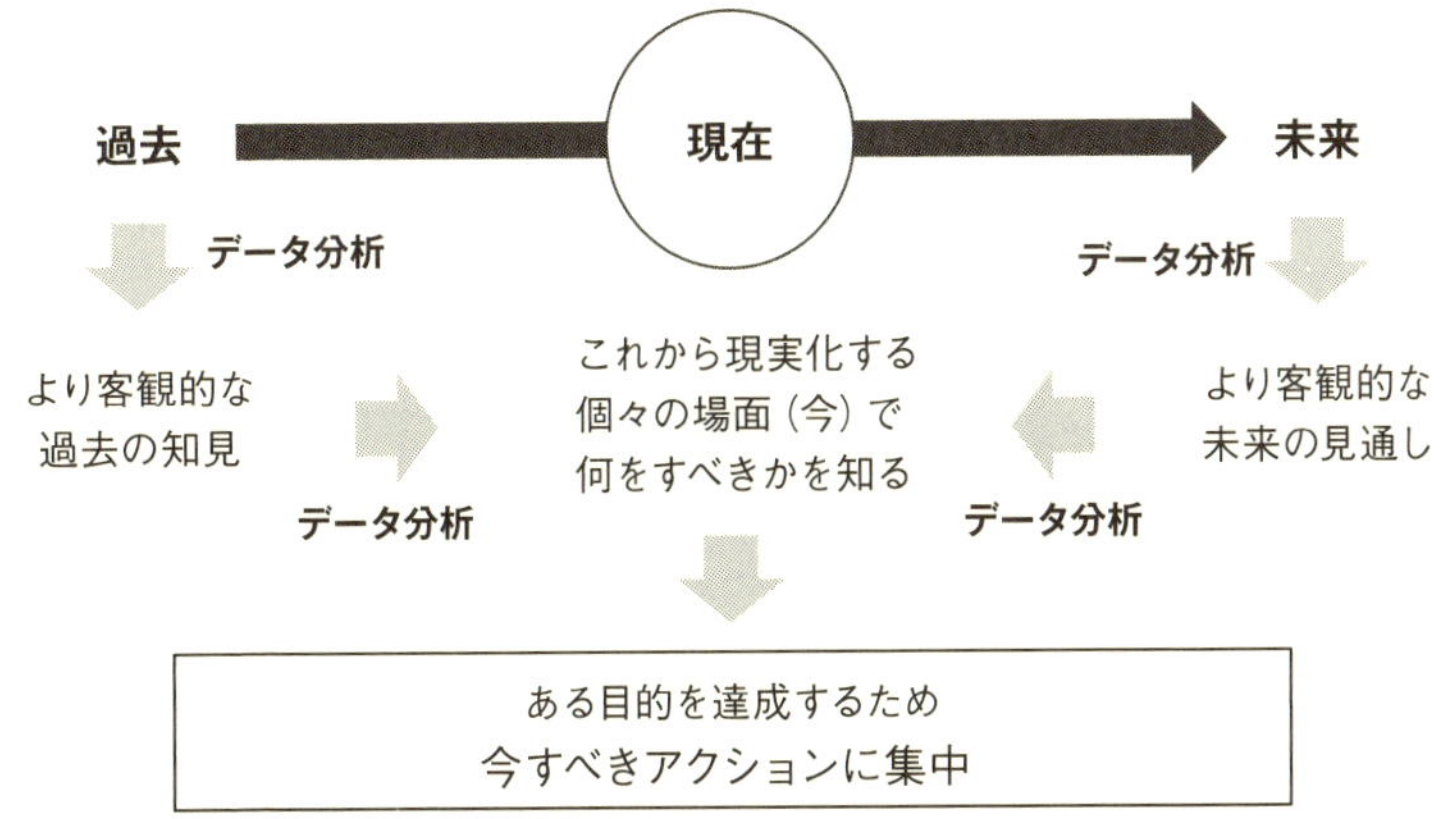

なチラシ、適切な店舗内の商品配置など考えることがいろいろあります。全力でことに当たらなければ大きな成果は得られないでしょう。この疑心暗鬼を払拭する力がデータ分析にあるのです。

ここで言いたいのは、声の大きな人の直感や経験値が悪いということではありません。ビジネス経験の長い人の直感や経験値は、往々にしてデータ分析の結果と一致することが多いです。しかし、その直感や経験値から導き出されたことが、いつも正しいというわけでもありません。データ分析と絡めることで客観性が増します。何が正しく何が間違っているのかをハッキリさせ、自信をもって今のアクションに集中できるのです。データ分析には、「今に集中するための力」があります。この力によって、目的達成に向けた個々のプロセスの質が高くなるのです。

つまり、目的達成に向けて、必要以上に未来を

データ分析で「間違った思い込み」や「正しい認識」を明確にする

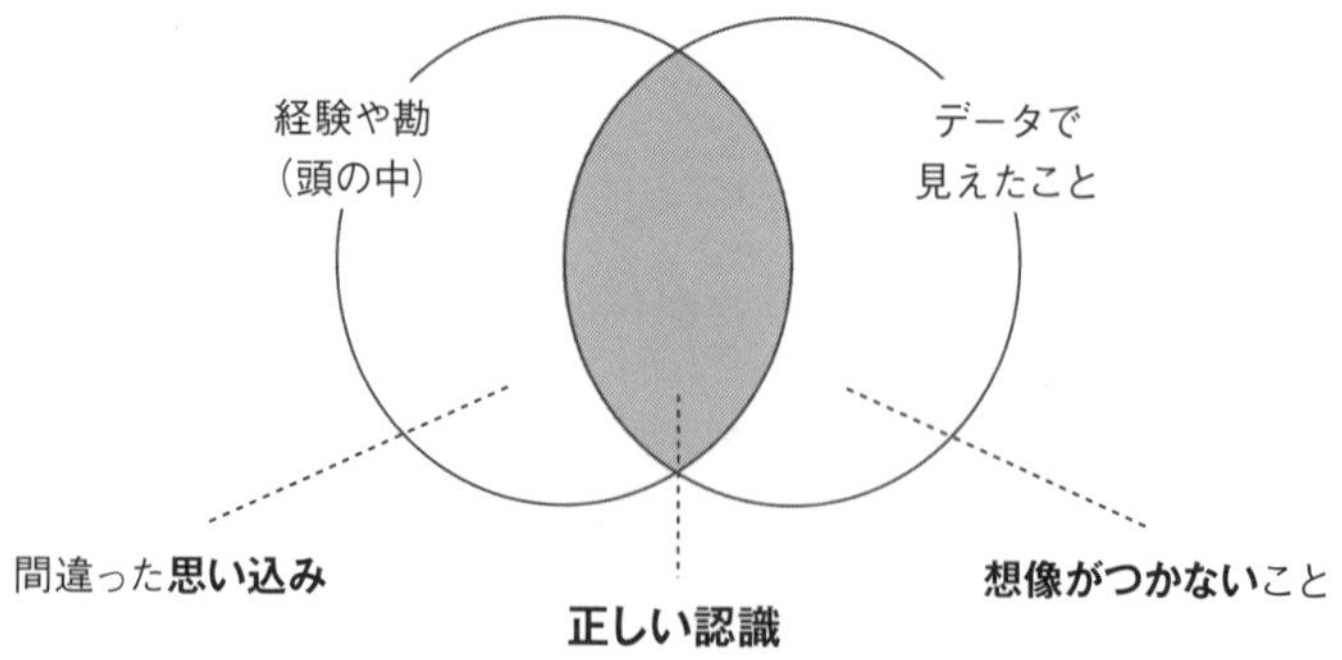

憂えず必要以上に過去を引きずらず、地に足の着いたアクションを実現するのがデータ分析の最大のメリットなのです。

アクションとは何か？

アクションとは何でしょうか。人によってアクションの定義は異なることでしょう。ここでは、アクションを「決定する」「計画する」「動く」の3種類に分けています。

3種類のアクションについて簡単に説明します。まずは「決定する」です。「決定する」とは、「新製品を市場に出す意思決定をする」や「販売予測モデル構築の稟議を決裁する」といったことです。たとえば、「新製品を市場に出す意思決定をする」というアクションのために、「現試作品を市場に出すべきかどうか」、「いつ出すべきか」、

3種類のアクション

	決定する	計画する	動く
（例）	・新製品を市場に出す意思決定をする ・販売予測モデル構築の稟議を決裁する	・マーケティング戦略を立案する ・新聞広告やチラシなどの広告宣伝・販売促進を計画する	・販売予測モデルのためのシステムを開発する ・チラシの配布といった日々のオペレーションを実施する

「どのようなプロモーションを打つのか」、「そして、どのくらい売上げそうか」などの決断を促すためのデータ分析をします。

次に「計画する」です。「計画する」とは、「マーケティング戦略を立案する」や「新聞広告やチラシなどの広告宣伝・販売促進を計画する」といったことです。たとえば、「新聞広告やチラシなどの広告宣伝・販売促進を計画する」というアクションのために、「売上と媒体の関係性の分析」や「各媒体の費用対効果の分析」、「各媒体の最適な費用配分」、「売上シミュレーション」などにより数値的根拠に基づいた計画を作成するためのデータ分析をします。

最後に「動く」です。「動く」とは、「販売予測モデルのためのシステムを開発する」や「チラシの配布といった日々のオペレーション

データ分析で現在地と方向性を明らかにする

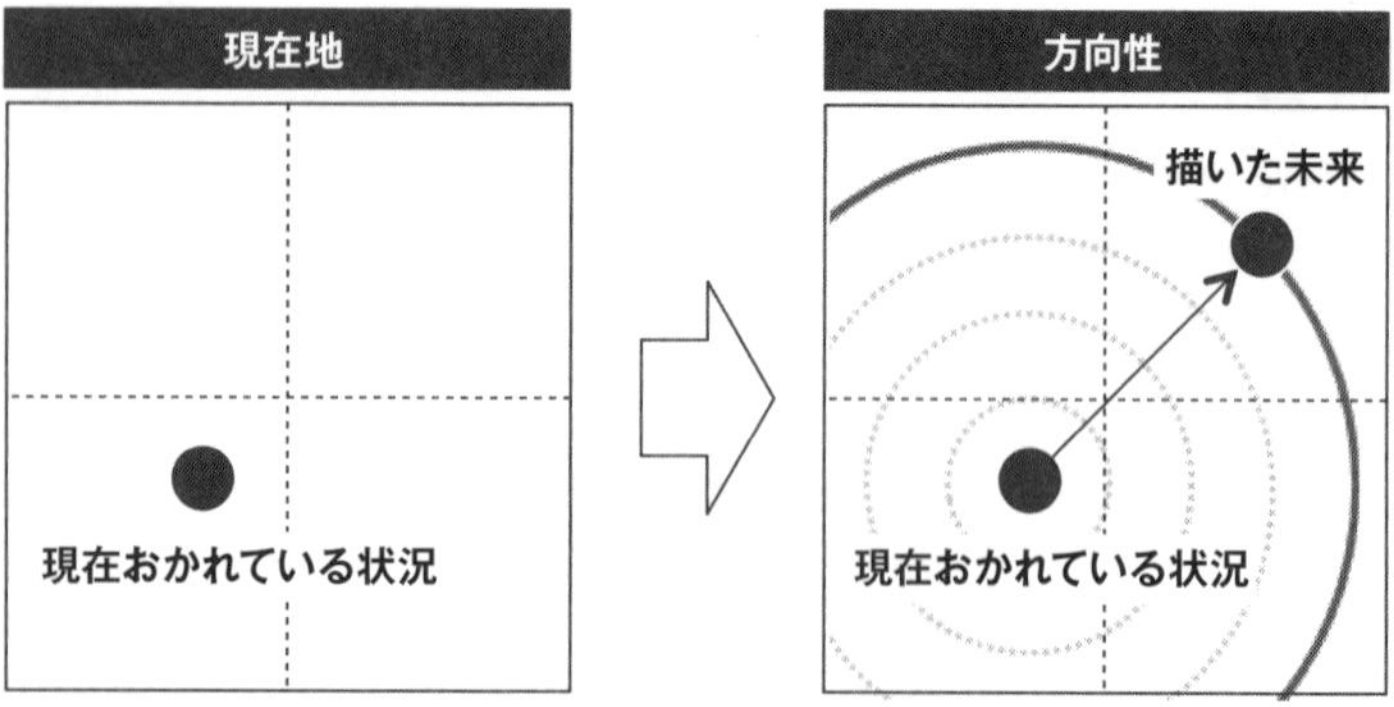

過去を冷静に見つめ、現在おかれている状況を明らかにする

未来を適切に見通し、正しい方向に進む

を実施する」といったことです。たとえば、「チラシを配布する」というアクションのために、「チラシと季節性や気温、エリア、店舗特性などの関係性」、「売上とチラシサイズの関係性」、「売上とチラシ配布曜日の関係性」、「費用対効果を最大化するチラシ枚数」といった日々のオペレーションに活かせるデータ分析をします。

3種類のアクションのデータ分析に共通しているのは、データ分析を通し「客観的に過去を見つめ未来を見通す」ことです。過去を冷静に見つめなければ、現在地があやふやになります。未来を適切に見通さなければ、間違った方向に進んでしまいます。現在地がわかり、進む方向性が適切であれば、あとは「今やるべきことに集中」するだけです。

データ分析プロジェクトの3つのフェーズ

データ分析プロジェクトを進めるとき、共通している3つのフェーズがあります。もちろん、分析目的や企業によって進め方はさまざまでしょう。経験上、報告の伴う多くのデータ分析プロジェクトには、この3つのフェーズが含まれます。

①準備フェーズ
②分析フェーズ

③報告フェーズ

3つのフェーズについて簡単に説明します。

まず「準備フェーズ」です。背景や目的などを明確にし、分析の全体像を考え、役割分担やスケジュールなどを決める出発点となるフェーズです。

次に「分析フェーズ」です。実施する分析内容を具体化し、分析で使用するデータの整備を行い、実際に分析をする核となるフェーズです。

最後に「報告フェーズ」です。分析した結果にコメントを付け、報告書にまとめ、わかりやすく伝えることで人をアクションへ導くフェーズです。

この3つのフェーズは、さらに細かく

データ分析プロジェクトの３つのフェーズ

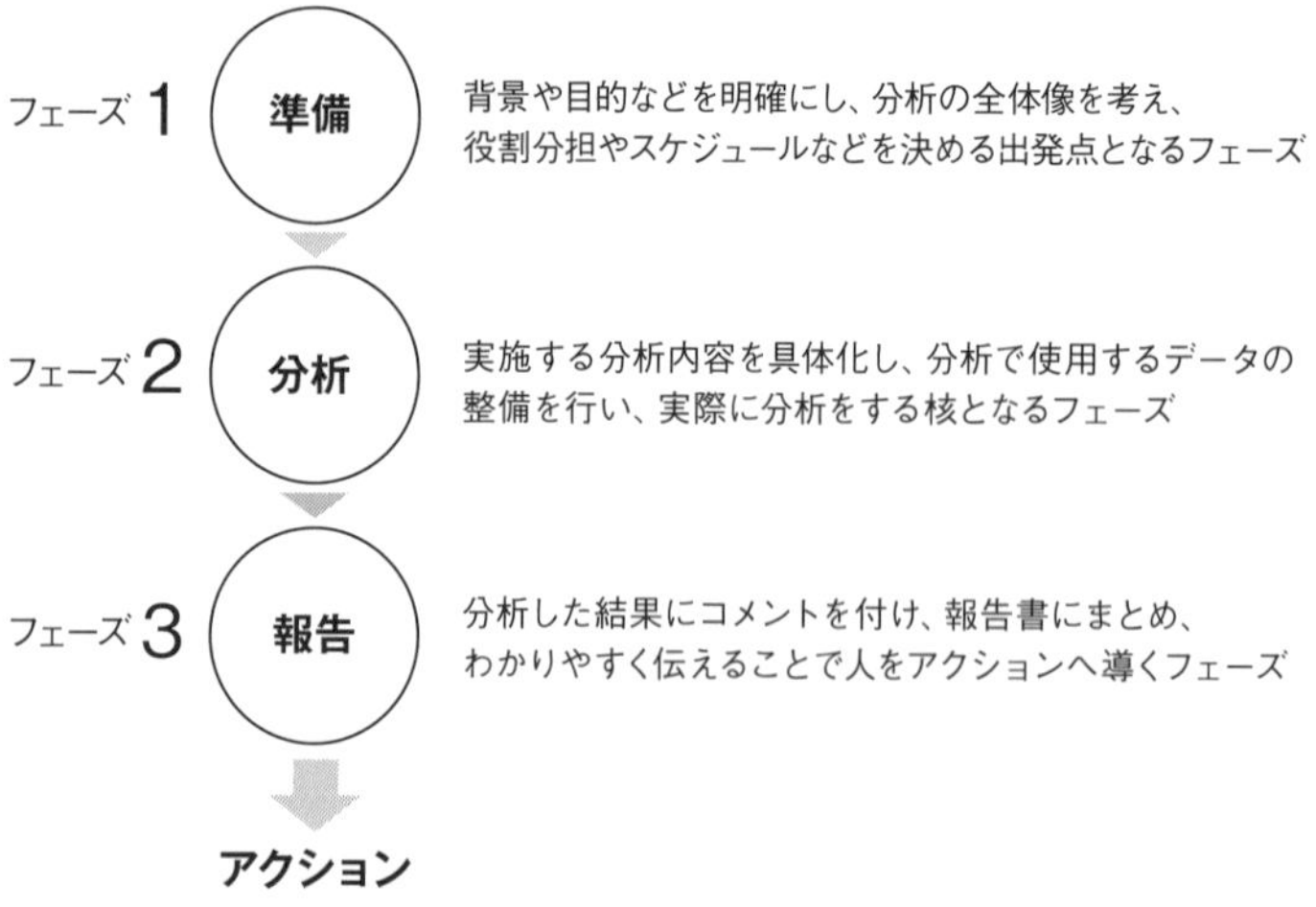

分解できます。各フェーズは3つのステップで構成され、全体で9ステップになります。

理想は、3つのフェーズを「失敗」なく進めることです。しかし実際は失敗だらけです。失敗を乗り越え克服することは大きな経験であり財産となります。そのためには、その失敗の記録を残し次に活かす必要があります。

今回紹介するのは、データ分析経験3年未満の分析者がよく経験する失敗の記録です。その失敗事例と解決策を、「3つのフェーズ」（①準備フェーズ→②分析フェーズ→③報告フェーズ）に沿って、次章からご紹介します。その前に、3つのフェーズについてもう少し詳しく説明します。

データ分析の3つのフェーズを実現する9つのステップ

フェーズ1	準備フェーズ	ステップ1	ヒアリングステップ
		ステップ2	分析デザインステップ
		ステップ3	キックオフステップ
フェーズ2	分析フェーズ	ステップ1	分析ストーリーステップ
		ステップ2	データ収集整備ステップ
		ステップ3	分析実施ステップ
フェーズ3	報告フェーズ	ステップ1	コメントアウトステップ
		ステップ2	中間報告ステップ
		ステップ3	総括報告ステップ

1-2 3つのフェーズと9つのステップ

フェーズ1：準備フェーズ

準備フェーズは、文字通りデータ分析の準備をするフェーズです。分析の目的を明確にし、分析プロジェクト全体の青写真を描き、スケジュールを決めます。次の3つのステップからなります。

- ステップ1：ヒアリングステップ
- ステップ2：分析デザインステップ
- ステップ3：キックオフステップ

●「準備」のステップ1：ヒアリングステップ

ステップ1の「ヒアリングステップ」です。背景や目的などを明確化するため、データ分析結果を利用する側の要望をヒアリングし、どのような分析をするのかを合意するステップです。ヒアリングといっても、単に要望を聞くだけではありません。ヒアリングによって、うまく言葉で表現できない考えを形にする手助けをしたり、新たな視点を与えることで思考を刺激したりします。そして、聞き出した内容を整理しまとめ、プロジェクト全体の方向付けを行い、何のためにどのような分析をするのかを合意します。

●「準備」のステップ2：分析デザインステップ

ステップ2の「分析デザインステップ」です。データを管理している部門（情報システム部など）からサンプルデータ（分析で利用するデータの一部）もしくはデータ項目をもらい、どのような分析をどのような流れで実施するのかを考えるステップです。データ分析プロジェクト全体の青写真を描きます。「どんな分

フェーズ1「準備」の3つのステップ

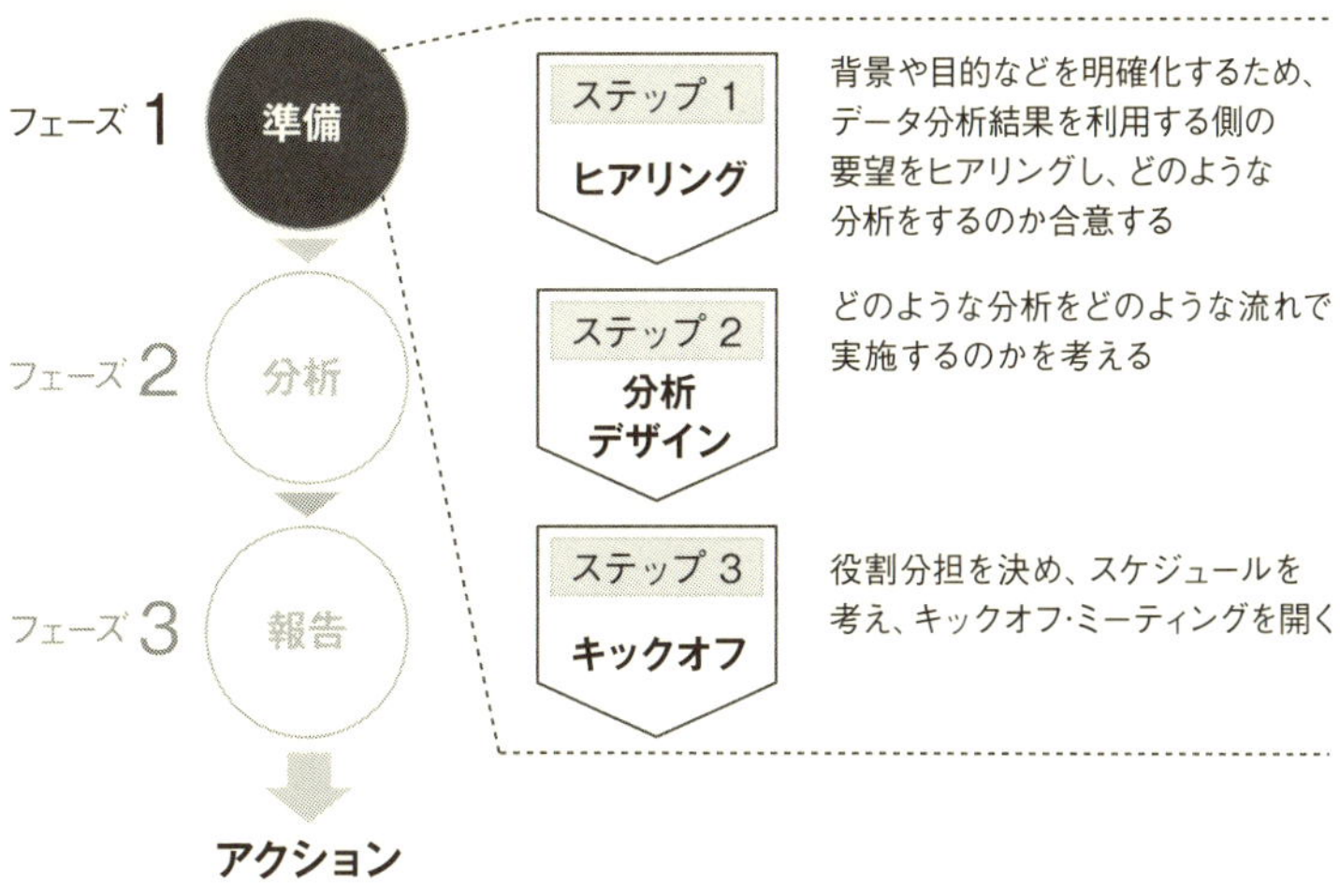

析をすればよいのか」、「どのように分析を進めるのか」、「どのような分析結果が出そうか」、「どのような結論が導き出せそうか」など、分析する前に分析プロセスと分析結果を描きます。仮説構築力が大きく問われるステップです。

　仮説構築力とは何でしょうか。ここで簡単に説明します。そもそもデータとは、実際に起こった事象の「一面」のさらに「一部分」にしかすぎません。

　飲食店を例に簡単に説明します。飲食店が売上を上げるには、「顧客」がいなければなりません。その顧客に対し、お店は「料理」を提供します。顧客は食べ終わったら料金を払いお店に収益が発生します。この場合「面」とは、「顧客」「料理」「収益」などです。「顧客」という「面」に関するデータには、属性（性別や年代など）や外食目的（家族団らんや友人との交流、デートなど）などがあります。すべてのデータが取得できていることは稀で、多くの場合は「一部分」だけでしょう。データをほ

データは事象の一面の一部分に過ぎない

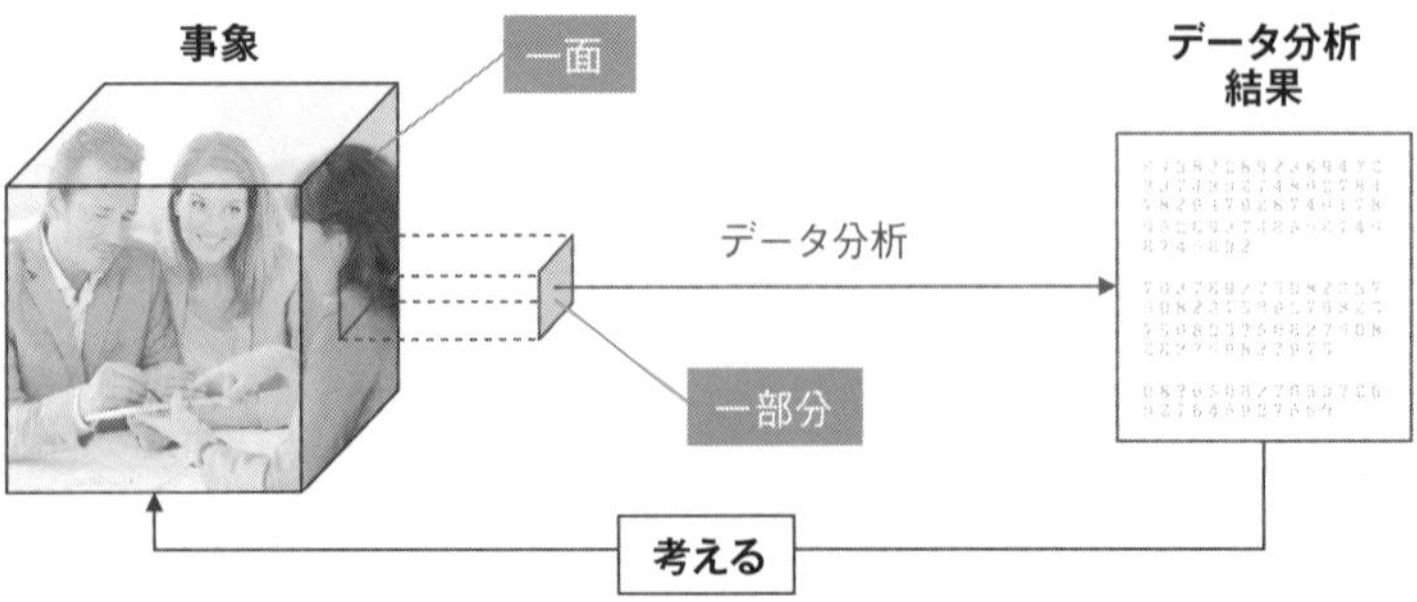

とんど取得できていないかもしれません。たとえば、レシートのデータしかない。この場合、レシート枚数から顧客組数はわかっても、どのような人が来店したのかはわかりません。顧客の属性や外食目的のデータが取得できていないからです。

このように、取得しているデータは、実際に起こった事象の「一面」のさらに「一部分」にしかすぎないのです。仮に、「売上」と「来店組数」のデータしかわからなければ、そのデータを分析し、実際に何が起こったのか分析者が読み取る必要があります。

では、何を読み取るのでしょうか。以下の5つを読み取ります。

①事実：データから直接わかることは何か？
②解釈：データの裏側で何が起こっているのか？
③延長：そのまま何もしないとどうなるか？
④対策：何をすべきか？
⑤解決：対策を打つとどうなるか？

「①事実」は、データから直接読み取れる客観的な事実です。誰が見ても同じです。「②解釈」は、「①事実」を基に何が起こったのかを読み取った主観的な解釈です。どのように解釈するのかは、人によって異なります。何よりもデータの裏側で起こったことを読み取る力が必要になります。「①事実」と「②解釈」は過去のことです。どのようなアクションをすればよいのかを考えるとき、過去を知っただけでは動けません。重要なのは、今後どうなりそうなのか。そして、何をすればよいのか。その結果どうなるのか。

「①事実」と「②解釈」を基に、そのまま何もしないとどうなるのかを考えるのが「③延長」です。もし、良くない未来が待っているならば「④対策」でどうすべきかを考えます。その対策の結果、良くない未来がどのように変わるのかを考えるのが「⑤解決」です。

データ分析者には、データの裏側で起こっていることを見る洞察力が問われます。そして、その「①事実」を導くデータすらない状態が「仮説」です。データがないのに、データの裏側で起こっていることを見る力が「仮説構築力」です。

データ分析結果から読み取る５つのこと

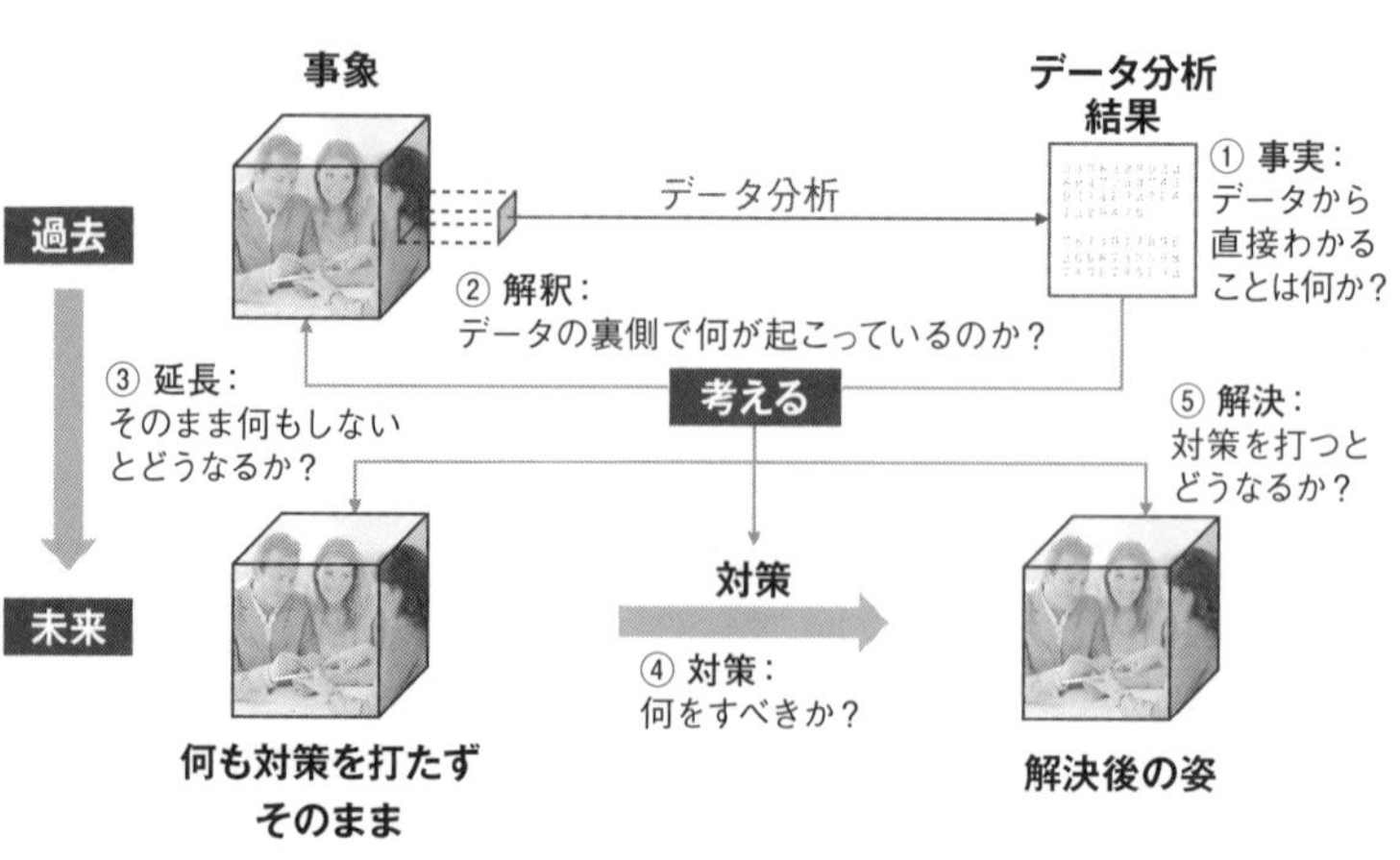

青写真を描くとは、データがない状態で「②解釈」「③延長」「④対策」「⑤解決」を考え、そのためにどのようなデータを集め分析すれば「①事実」を導けるかを考えることです。もちろん、分析した結果、想定した「①事実」が導けないかもしれません。あくまでも仮説が棄却されたにすぎません。想定外の「①事実」から「②解釈」「③延長」「④対策」「⑤解決」を考えればすむことです。青写真を描くとき、想定した「①事実」にとって都合の悪いデータや分析も積極的に考えます。

●「準備」のステップ3：キックオフステップ

準備フェーズの最後は、ステップ3の「キックオフステップ」です。「ヒアリングステップ」と「分析デザインステップ」の内容を基に役割分担とスケジュールを考え、キックオフ・ミーティングを開くまでのステップです。データ分析プロジェクトを本格稼働させる前の最終準備です。

ステップ2の「分析デザインステップ」が終わった段階で、どのような作業が発生するのか、どのようなスキルの人材が何名必要か、どのくらいのスペックのマシンが必要か、それぞれの作業期間はどのくらいかなどがわかっていることでしょう。それらを誰がいつまでにやるのか、具体的なスケジュールに落とし込んでいきます。場合によっては、限られた時間の中で何ができるのかを考えることになるかもしれません。

面倒でも、資料に落として明示化し、関係者の合意を得ておくことをお勧めします。できるだけ具体化しましょう。人によって作業内容の解釈がバラバラだと、後々厄介になります。

フェーズ2：分析フェーズ

分析フェーズは、文字通りデータを分析するフェーズで、「どのような分析をするのか」を明らかにするところから始めます。次の3つのステップからなります。

- ステップ1：分析ストーリーステップ
- ステップ2：データ収集整備ステップ
- ステップ3：分析実施ステップ

●「分析」のステップ1：分析ストーリーステップ

ステップ1の「分析ストーリーステップ」です。このステップで、「どのような

フェーズ2「分析」の3つのステップ

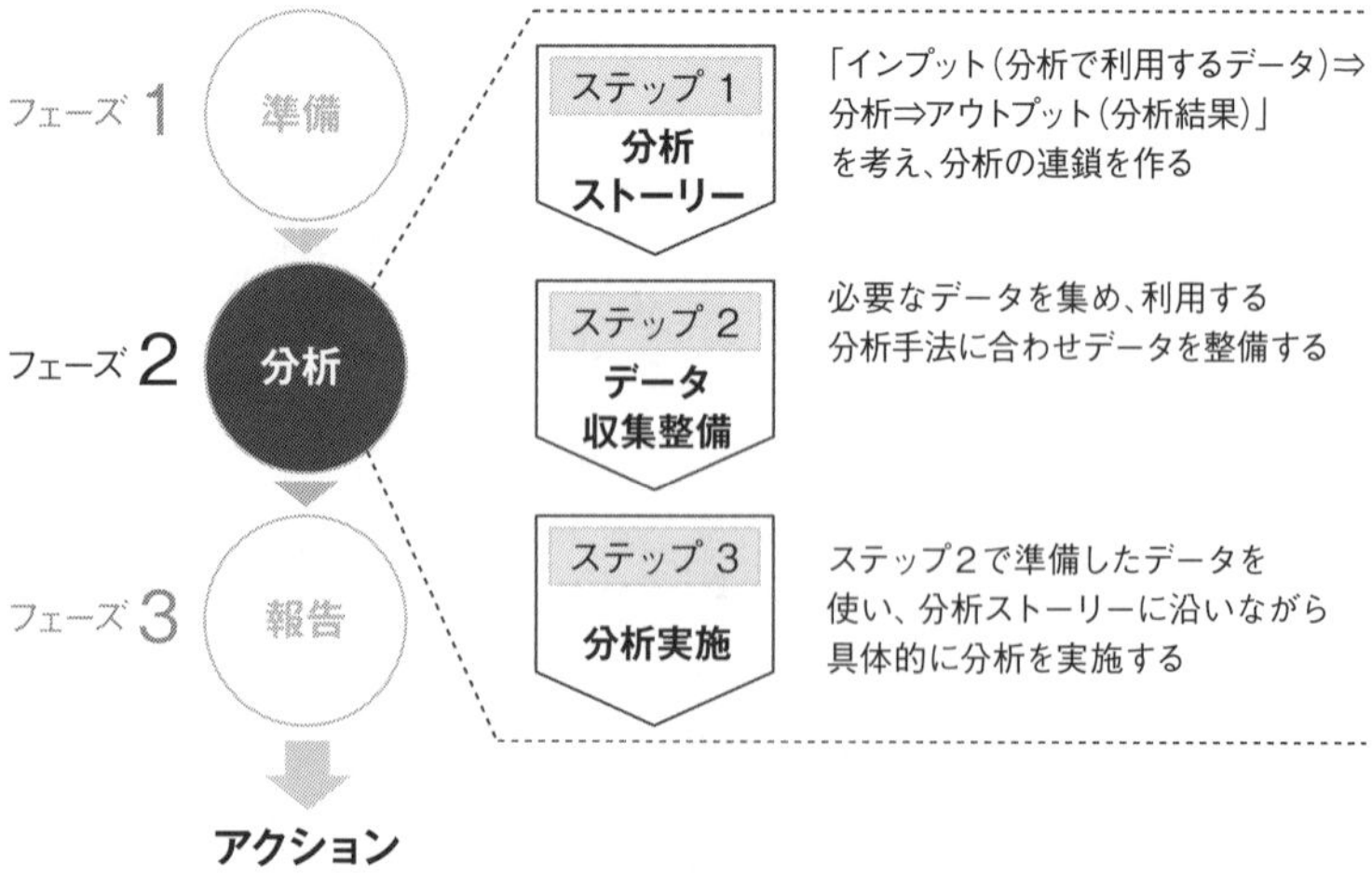

データ（インプット）で「どのような分析」をし「どのような分析結果（アウトプット）」を出すのかを検討し、「インプット（分析で利用するデータ）⇓分析⇓アウトプット（分析した結果）」の流れを具体的に考えます。

データ分析の多くは一つの分析で終わることは稀で、いくつもの「インプット⇓分析⇓アウトプット」を組み合わせ連鎖させる必要があります。この連鎖をアクションにつながるまで考えていきます。

このステップは、「準備フェーズ」の「分析デザインステップ」以上に「仮説構築力」が大きく問われるステップです。分析を実施する前に、どのようなデータと分析手法を使い、どのような分析結果を出すのかを、より具体的により詳細に描くからです。他人に分析をお願いしても、滞りなく手を動かせるぐらい具体的な作業におとします。「分析デザインステップ」が「青写真レベル」であったのに対し、この「分析ストーリーステップ」は「手を動かせる作業レベル」まで具体化します。このステップで、利用する素デ

インプット⇒分析⇒アウトプット

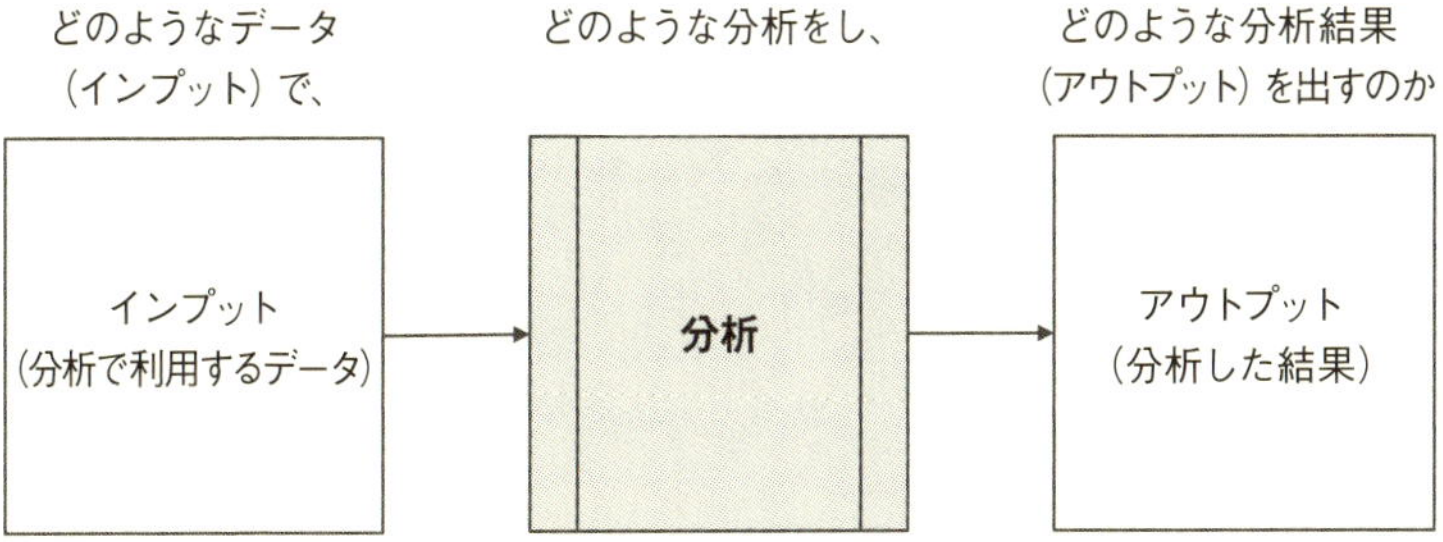

「インプット⇒分析⇒アウトプット」の連鎖イメージ

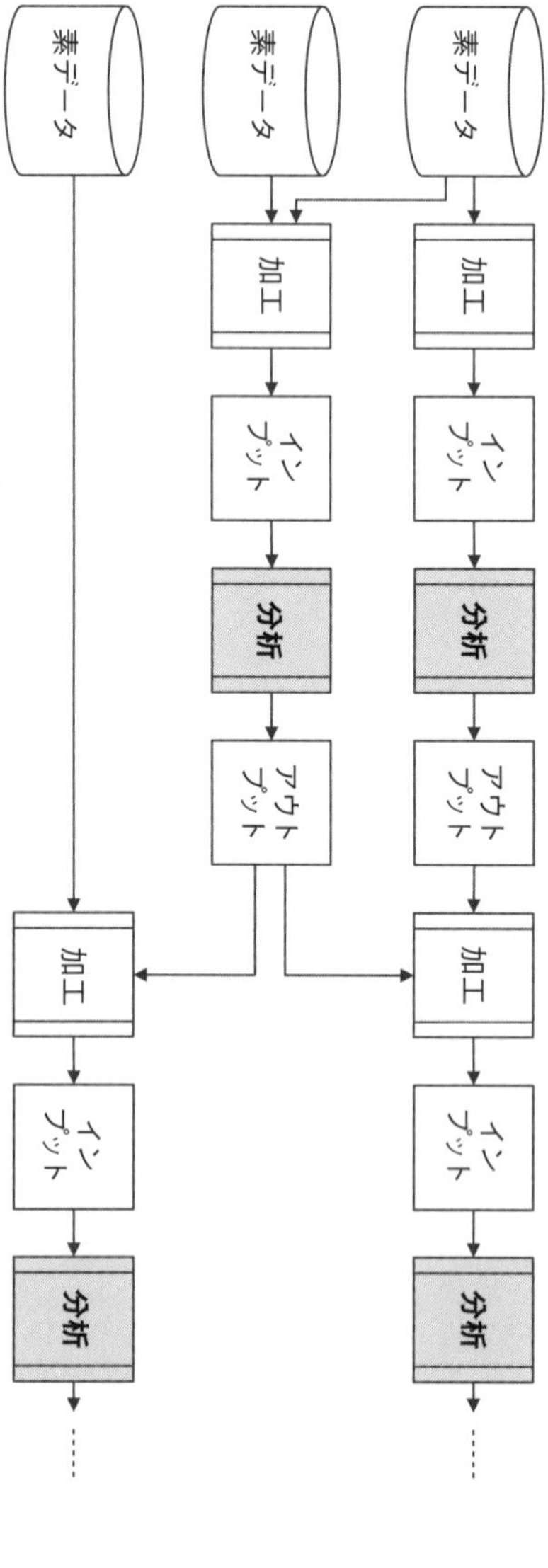

ータや分析手法が明らかにされます。

このステップは、ある程度の分析経験が必要になります。分析経験が浅くデータを活用する現場のイメージがまったくつかめない分析者は、現場の人と一緒に分析を進めていくことをお勧めします。下手をすると、データ分析が単なる数字遊びになってしまうからです。それらしい分析結果を出しても、現場で何のアクションも起こらないことになってしまいます。

●「分析」のステップ2：データ収集整備ステップ

ステップ2の「データ収集整備ステップ」です。まず、前ステップの「分析ストーリーステップ」で明らかになった素データを集めます。次に、利用する分析手法に合わせてデータを整備します。地味ですが非常に重要なステップで、甘く見ると非常に手痛いしっぺ返しが待っています。

このステップは非常に時間がかかります。データ分析プロジェクト全体の半分以上が、このステップに費やされることもあります。そして、データ収集や整備でミスをすると大変な事態が待っています。今まで実施したすべての分析が無駄になってしまうからです。特に、データ収集でミスをすると、データそのものが違っているわけですから、どうしようもありません。ミスを知らずに分析すると、間違ったアクションに導く可能性があります。

そして、多くのデータは分析しやすいようには存在していません。何かしらの整備が必要です。データが紙でしか残っていないこともあります。このときは、紙のデータを電子化（Ｅｘｃｅｌ形式などのデータを作る）する必要があります。電子化されていても、PDF化されたデータ（例：紙の領収書をスキャナーでPDF化したもの）などはうまく分析ツールに読み込めないこともあります。分析ツールに読み込みやすいExcel形式のデータでも、そのままでは分析ツールに読み込めないこともあります。

前のステップ1の「分析ストーリーリーステップ」で、データフォーマットなどは十分に検討し具体化しておきましょう。

●「分析」のステップ3：分析実施ステップ

ステップ3の「分析実施ステップ」です。「データ収集整備ステップ」で準備したデータを使い、「分析ストーリーステップ」で作った分析ストーリーに沿いながら分析を進

電子化されていてもデータ整備が必要な場合が多い

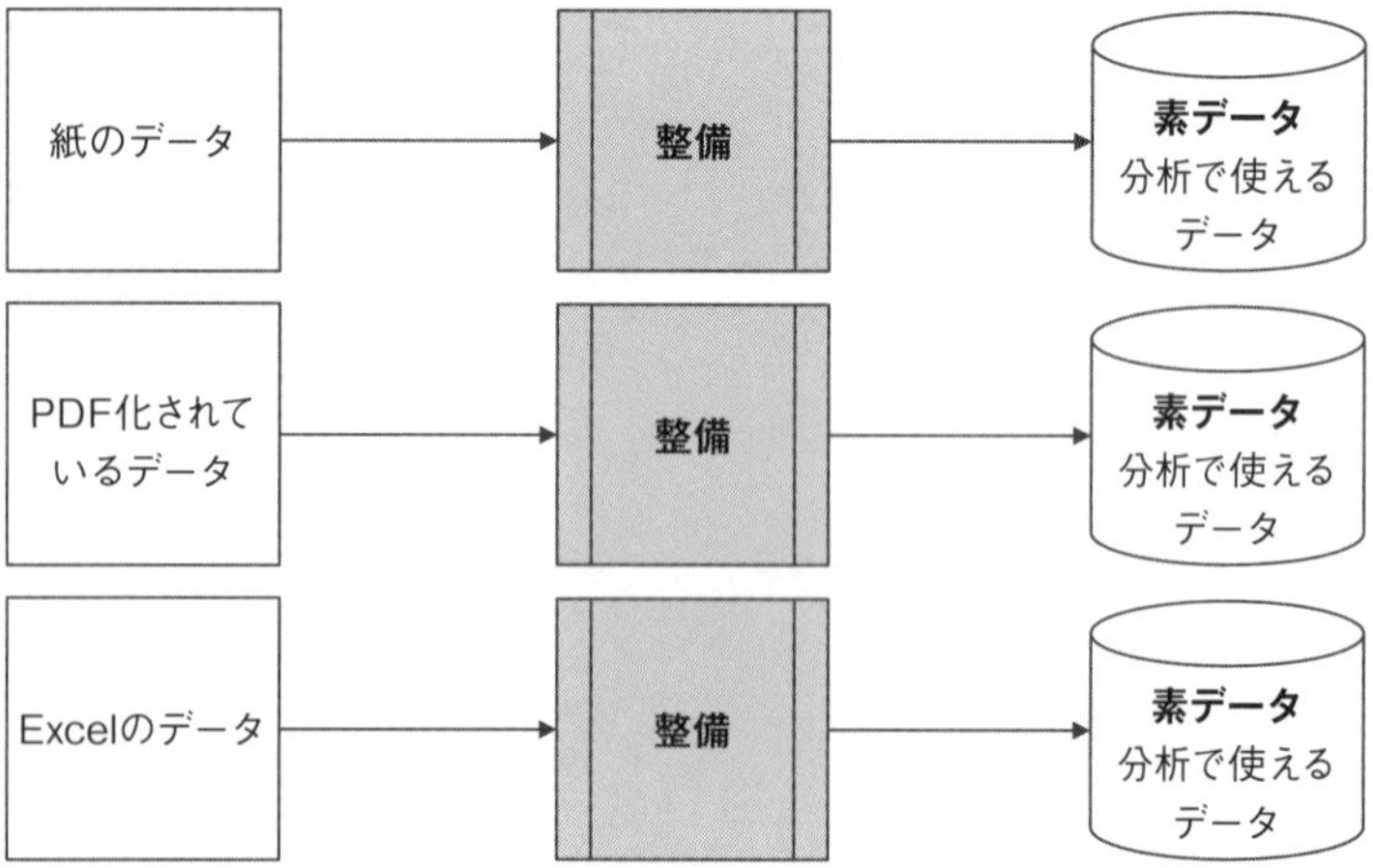

めていきます。

分析と一口に言っても多種多様です。数値のデータを扱う定量分析もあれば、新聞記事やインタビューなど数値で表現できないデータを扱う定性分析もあります。各分析手法の特性と、その出力結果の解釈方法をきちんと抑えておく必要があります。

分析手法そのものを、数式レベルやアルゴリズムレベルまで理解する必要はないでしょう。各分析手法の「理想のインプットデータとはどのようなもの」で、「分析するとどのようなアウトプットが出力」され、その「アウトプットをどのように解釈するのか」ぐらいまでは最低限理解しておく必要があります。

フェーズ3：報告フェーズ

報告フェーズは、分析フェーズで出した分析結果にコメント付けをし、報告書としてまとめ、そして報告するフェーズです。アクションへと導くための総仕上げのフェーズになります。次の3つのステップからなります。

定量分析と定性分析

定量分析	定性分析
・統計解析 ・機械学習 ・数理計画法 など	・ミルの方法（一致法・差異法） ・グラウンデッドセオリー ・DEMATEL 法 など

- ステップ1：コメントアウトステップ
- ステップ2：中間報告ステップ
- ステップ3：総括報告ステップ

●「報告」のステップ1：コメントアウトステップ

ステップ1の「コメントアウトステップ」です。前のフェーズ2の「分析フェーズ」で出した分析結果にコメントを付けていきます。2種類のコメントがあります。

①事実：データから直接わかることは何か？

②解釈：データの裏側で何が起こっているのか？

フェーズ3「報告」の3つのステップ

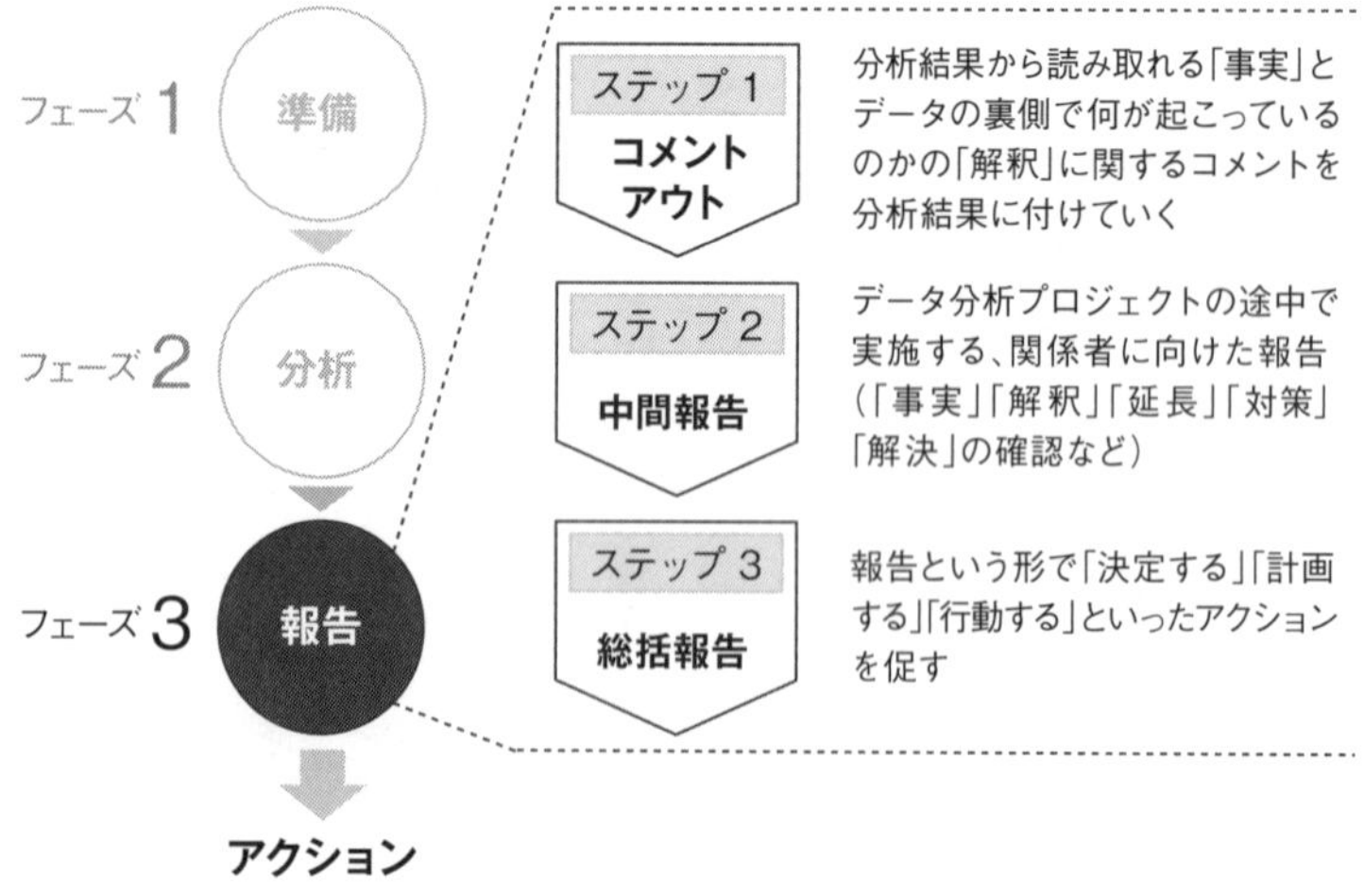

まず、「①事実」を考えます。分析結果から直接言える誰が見ても同じ客観的事実のことです。たとえば、昨年に比べ売上が10%上がった、新規契約顧客数が20%増えた、引き合いが80%増えたなどです。次に、「②解釈」を考えます。「①事実」を基に、データの裏側で何が起こっているのかを考えます。人によって解釈は異なります。分析者が、他にどのような情報を持っているか、今までどのような経験をしてきたか、どのようなフィロソフィー（人生観や世界観など）をもっているかなど、分析者の人となりが色濃く反映されます。

　コメントを書くとき、「①事実」と「②解釈」を混ぜこぜにするのは良くありま

事実と解釈

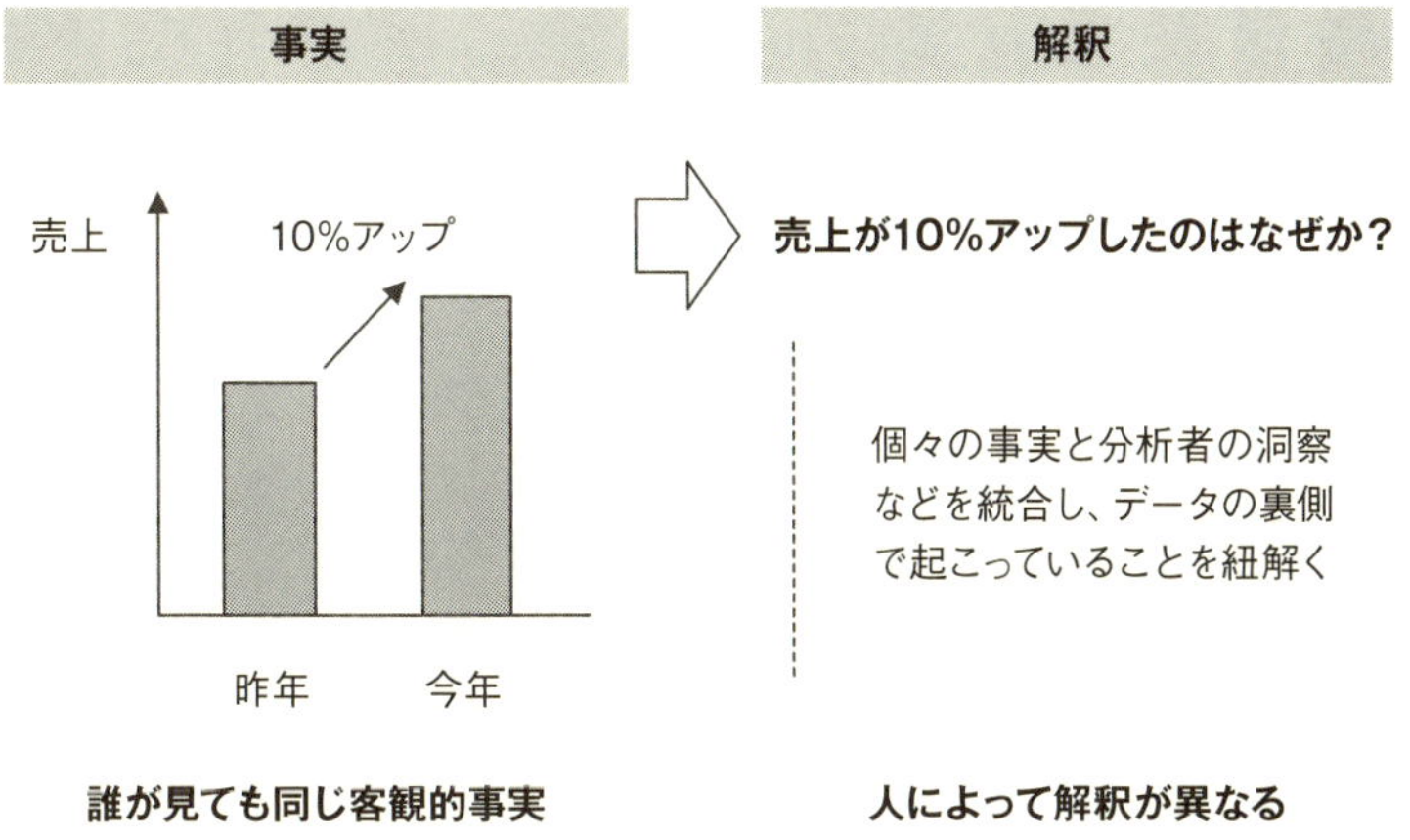

せん。コメントの中で、どこからどこまでが「①事実」で、どこからが「②解釈」なのかを明確にわかるようにします。

●「報告」のステップ2：中間報告ステップ

ステップ2の「中間報告ステップ」です。データ分析プロジェクトの途中で実施する、関係者への報告です。あくまでも途中で実施するもので、最終的なものではありません。クイック・アンド・ダーティー（Quick and Dirty）です。

クイック・アンド・ダーティーとは、いきなり100%を目指すのではなく、中途半端な雑なものでもよいので早め早めに関係者と共有し、大きな間違いを避けることを意味しています。中間報告では完璧なものは必要ありません。アクションに促す総括報告を、より良いものにするための踏み台のようなものです。しかし、報告の都度にテーマ設定とそのテーマと分析目的の関係性を明確にしておく必要があります。

中間報告ステップで確認したいのは、「①事実：データから直接わかることは何か？」、「②解釈：データの裏側で何が起こっているのか？」、「③延長：そのまま何もしないとどうなるか？」、「④対策：何をすべきか？」、「⑤解決：対策を打つとどうなるか？」の5つです。

中間報告で毎回「①事実」「②解釈」「③延長」「④対策」「⑤解決」のすべてを確認するわけではありません。あるときは、「①事実」と「②解釈」だけを確認する、あるときは、前回の中間報告で確認した「①事実」と「②解釈」から導き出した「③延長」だけを確認する、またあるときは、複数の「④対策」と「⑤解決」を提示し、どの「④対策」を選ぶかを検討するといった具合です。

●「報告」のステップ3：総括報告ステップ

ステップ3の「総括報告ステップ」です。「決定する」「計画する」「行動する」といったアクションを促すためのステップです。したがって、この報告のテーマは1つです。「アクションへ導く」がテーマになります。人にわかりやすく伝える必要があります。資料構成にも一工夫必要です。

最も単純なものにPREP（Point-Reason-Example-Point）のフレームワークがあります。意思決定を促すのであれば、たとえば次のようになります。

- 結論（Point）：○○してください
- 根拠（Reason）：なぜならば、△△だからです
- 例示（Example）：たとえば、□□です
- 結論（Point）：なので、○○してください

最初と最後に主張する結論（Point）を提示します。結論先行と結論念押しのサンドイッチ構造です。その主張を裏付ける「根拠」を、数字（データ）を交えて示します。

これをパワーポイントなどの資料としてまとめ、報告します。しかし、文字ばかりの資料だとうんざりします。グラフや画像、図解などがあるとわかりやすいでしょう。意外と時間がかかります。社内資料などであれば、時間をかけずにさくっと作りましょう。

1-3 意味ある失敗のススメ

データ分析で失敗をしても凹んでいてはいけません。過去は変えられません。変えられない過去にくよくよする必要はありません。過去は想像の産物です。起こったことは事実ですが、どのように考えるのかは自由です。

同じデータ分析プロジェクトのメンバーの中でさえ、失敗したことに対する考え方は異なります。たとえば、自分が悪いとひたすら反省する人もいれば、コンピュータのスペックが低いと結論付ける人もいます。他人の不注意を責める人もいれば、確認手順といった仕組みに問題があると考える人もいます。自分のせいにも分析環境のせいにも仕組みのせいにも他人のせいにも組織風土のせいにもできます。

どうせなら、次に活かせる明るい失敗と前向きに考えましょう。次に活かせるとわかれば、失敗し挫けた心が多少なりとも明るくなります。うまくいかないやり方を一つ発見したと思えばよいだけです。

どうすれば、意味ある失敗にすることができるでしょうか。一人で考えるのも悪くはありませんが、できれば数人（多すぎてもいけない）で、データ分析プロジェクト終了時にディスカッションするの

失敗を次に活かすぞ！　テンプレート例

①全体像（WHAT やったこと）

項目	説明文
前工程	すでにあるデータ分析で使えそうなデータを準備してもらい、その中の一部に現場の人が実務で使っているExcelファイルが含まれている
対象工程 失敗した工程	分析ツールからExcelファイルを読み込む
後工程	インポートしたデータを基に基礎集計や分析などを実施する

①全体像（WHAT　やったこと）
- 前工程
- 対象工程（失敗した工程）
- 後工程

②対象工程の詳細

項目	説明文
What 何をしたのか	分析ツールからExcelファイルを読み込む
Why なぜしたのか	分析ツールで基礎集計や分析を実施するため
How どのようにしたのか	もらったExcelファイルをざっと眺め、そのまま分析ツールに読み込んでも問題ないか確認する 問題が無ければ、そのまま分析ツールからExcelファイルを読み込む 問題があれば、Excelファイルを分析ツールから読み込めるようにファイルを直す

②対象工程の詳細
- What（何をしたのか）
- Why（なぜしたのか）
- How（どのようにしたのか）

③Before（どのような失敗をしたのか？）

項目	説明文
失敗の 直接的影響	上手く分析ツールにExcelファイルを読み込めない ・1シートに複数の表がある ・表の下に注意書が記載されている ・半角と全角の数字が混じっている ・セルに数式がある ・セル結合されている、など
で、どうなった 失敗の波及的影響	その結果、手戻りが発生し分析する時間を奪う結果となった
で、どう思った 感情	Excelファイルを作った人に怒りを感じる 全シート確認しないとダメだと実感する 面倒だと思う モチベーションがわかない うんざり
で、どう思い直した 反省点	しかし、ビジネスパーソンは、データ分析ツールがインポートしやすいようにExcelを使っているのではなく、自分の仕事がしやすくなるようにExcelを使っているためだ。

③ Before（どのような失敗をしたのか?）
- 失敗の直接的影響
- で、どうなった（失敗の波及的影響）
- で、どう思った（感情）
- で、どう思い直した（反省点）

④改善（②のHowの何を変えるのか？）

改善	人の手が加わったExcelファイルは、宝探しをするかのように、1シートづつ、時にはヒアリングを交えて確認した

⑤After（②のHowを変えた結果どうなる？）

項目	説明文
変えたことによる 直接的影響	Excelのインポートで失敗することは避けられた どのように普段Excelファイルを作成すればよいのか、現場の人に理解してもらえた
で、どうなる 波及的影響	相互理解が深まり、その後のデータ分析活用が円滑になった
教訓	ビジネスパーソンがやりたい分析は、彼ら・彼女らが作ったExcelファイルの中に詰まっている。データを分析をビジネスに活かしたいと思うなら、Excelを注意深く知ることが重要になってくる。言葉で言い表せない何かが眠っていることも多い。つまり、宝探しをするかのように、1シート1シートを探ると、ビジネス理解が深まり、どのような形でデータ分析をすれば、彼ら・彼女らの業務が良くなるのかが見えてくる

④改善（②の How の何を変えるのか?）

⑤ After（②の How を変えた結果どうなる?）
- 変えたことによる直接的影響
- で、どうなる（波及的影響）
- 教訓

がよいでしょう。失敗をした人を責めるのではなく、失敗を活かすという視点で議論をする。ものすごく意味のある失敗に対し、みんなで褒めたたえるのもよいでしょう。失敗を人を責める手段にするのではなく、失敗で知的資産（知恵）を増やす手段にするのです。そのときディスカッションした内容を、記録として残すことも忘れないようにしましょう。テンプレートなどを作っておくとよいでしょう。

次の章から、データ分析3年未満の人が犯しやすい失敗を紹介していきます。そんなこともできないのか、そんなの常識だろ、データ分析以前の問題だ、そう感じる人もいるかもしれません。しかし、失敗に寛容にならなければ、誰も失敗を共有してくれません。失敗を隠すかもしれません。失敗を共有することは、データ分析を社内に浸透させ社内で活用するうえで非常に重要です。失敗をどのように活かすかは、データ分析に限らず業務全般にとって重要であると言えるかもしれません。

Chapter 2

準備フェーズでつまずかないための10の失敗事例

失敗事例 1 分析目的から逸れた興味本位な分析をしてしまう

症状

データ分析の依頼が来たらまず実施するのが、依頼者に対するヒアリングです。実施する分析イメージを固めるため、筆者は以下の3つの内容を中心にヒアリングしていました。

①どのような「データ」があるのか
②どのような「分析」をしていたのか
③どのような「分析結果」が必要なのか

しかし、何度か分析プロジェクトを経験していくうちに、これでは足りないことに気が付きました。それは「分析目的」です。以上の3つの内容をヒアリングしていると、なんとなく分析目的は見えてきます。しかし、なんとなく見えてきた分析目的を明確にしないと、後々痛い目にあいます。

たとえば、分析をしていくと「もっともっと分析し、もっともっと知りたい」と思うことがあります。分析者も依頼者もそう思います。分析目的と合致していれば問題はありません。しかし、多くの場合、この「もっと分析し、知りたい」を満たすため、分析目的から逸れた興味本位な分析を延々としてしまうことがあります。そのうち、なんとなく見えていた分析目的が見えなくなり、何のために分析していたのかわからなくなって、プロジェクト中に全体を整理する工数が増えることになります。大きな遅延です。

一度、次のようなことがありました。非常にやる気に満ちている依頼者でしたが、「もっと知りたい」という欲求が強く、筆者は流されてしまいました。その結果、分析目的から見ると無駄とも思える分析が多発し、時間だけやたらと浪費。時間内にアクションにつなげられず、単に分析しただけ。分析結果の報告書も、データ分析結果から直接読み取れる事実ベースのコメント（例：売上が昨年に比べ10％アップ。特にミネラルウォーターの売上が50％アップし、全体の売上をけん引した）のみ。どのようなアクションをすべきか、という提言のない報告書です。依頼者から怒られました。「要望に沿った分析をしたのに」と筆者は心の中で思いました。結局、分析の納期を後ろにずらしてもらい、具体的なアクションにつなげるため、徹夜に近い状態で対応しました。筆者と依頼者との間がこじれた、後味の悪い嫌な分析プロジェクトです。

このように、「分析目的」が不明瞭なままデータ分析を進めてしまうことが多々あります。データ分析前のヒアリングの時点で、十分に議論し明確化する必要があります。

克服法

筆者は、データ分析の諸先輩方に相談し、以下の2つのことを実施するようになりました。驚いたことに、分析目的が原因のトラブルが激減しました。

①ヒアリング段階で、関係者間で齟齬《そご》が発生しないレベルまで分析目的を明文化（資料化）する
②分析の途中経過を報告するとき、資料の最初のほうのページで、必ず分析目的を掲載し口頭で説明する

齟齬が発生しないレベルとは、どのようなレベルでしょうか。主に3つのことを明確にしました。

①データ分析したその先にある「アクション」
②データ分析で出力する「分析結果」
③分析結果とアクションの「つながり」

分析目的と聞くと、データ分析したその先にある「アクション」（何のために分析するのか）に目

が行きがちです。しかし、「分析結果」との「つながり」を分析前に明確にしておかないと、分析結果が出そろったときに困ってしまいます。分析結果は出たけれど、どのようにアクションにつなげればよいのかわからないからです。

簡単な例で説明します。「チラシを増やせばいいのか、減らせばいいのか」を意思決定したい。この意思決定が「アクション」です。このとき、分析結果として何を出せばよいのでしょうか。「つながり」を考えずに分析してしまうと、たとえばチラシの枚数や売上の集計（例：平均値や分散など）をしたり、チラシ枚数と売上の関係を分析（例：相関分析や回帰分析など）してみたりします。それを、店舗別で分析したり、時期別で分析したりします。このように、じゅうたん爆撃のような分析をしてしまいます。この分析で「チラシを増やせばいいのか、減らせばいいのか」を意思決定できるでしょうか。おそらくできないでしょう。アクションにつなげるためには、たとえば、分析結果として「最適なチラシ枚数」を出し、「最適チラシ配布枚数よりも現在の配布枚数が多ければ減らし、少なければ増やす」といったアクションの「つながり」を考える必要があります。

このように、「アクション」「分析結果」「つながり」の3つを明らかにし、資料化し合意をとっておけば、興味の赴くままの分析の広がりを防ぐことができます。分析目的に沿った分析に集中することができます。

分析目的は、どんなに明確にしても忘れてしまってはいけません。しつこいぐらい何度も何度も声を出して言うことをお勧めします。そして、分析結果を共有するときやパワーポイントで資料を作る

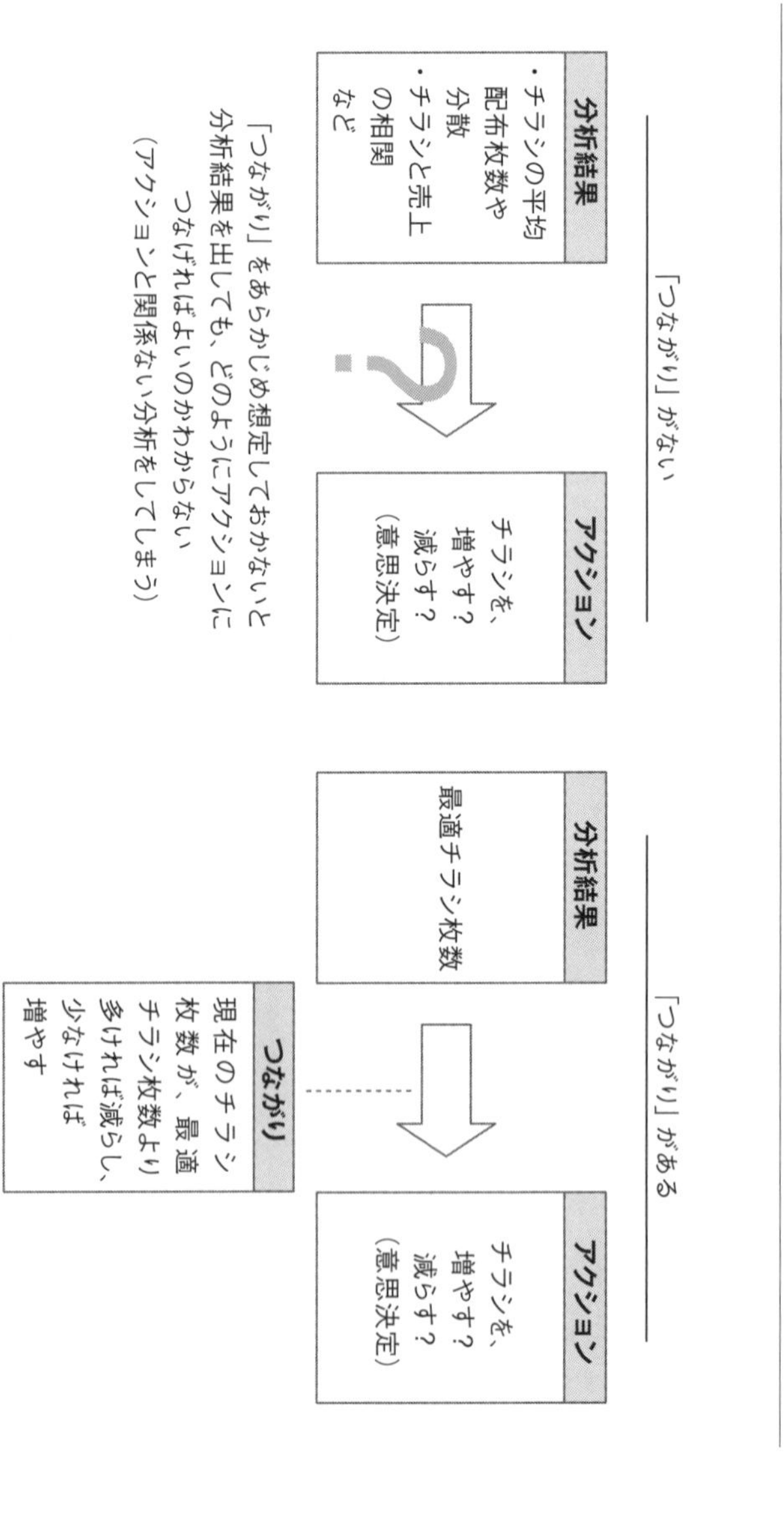
「つながり」がない
分析結果
・チラシの平均配布枚数や分散
・チラシと売上の相関
など
アクション
チラシを、増やす？減らす？（意思決定）
「つながり」をあらかじめ想定しておかないと
分析結果を出しても、どのようにアクションにつなげればよいのかわからない
（アクションと関係ない分析をしてしまう）
「つながり」がある
分析結果
最適チラシ枚数
アクション
チラシを、増やす？減らす？（意思決定）
つながり
現在のチラシ枚数が、最適チラシ枚数より多ければ減らし、少なければ増やす

分析目的として、分析結果とアクションの「つながり」まで考えておく

ときには、必ず資料の中に明記しておきましょう。会議をするときは、分析目的に沿っているか十分に注意しましょう。

教訓

分析目的が明確になるまでヒアリングせよ

失敗事例 2 ヒアリングで依頼者の本当の要望がくみ取れない

症状

データ分析業務を始めたころは、先輩と一緒にヒアリングを実施していました。先輩がメインでヒアリングし、筆者がサブという位置付けです。ある程度データ分析業務に慣れてきたころ、筆者がメインでヒアリングするようになりました。しかし、先輩のようにはうまくいきませんでした。依頼者の本当の要望がくみ取れていなかったのです。たとえば、分析する箇所の力の入れ具合がずれていたり、求められている分析結果のレベル感が合わなかったりしました。多くの場合、分析結果を資料としてまとめて報告するタイミングで気が付きました。依頼者が微妙な顔をするのです。

たとえば、このようなことがありました。顧客数を増やすためのデータ分析を依頼されました。そこで筆者は、新規の顧客を増やす分析をすればよいのだと考えました。しかし、増える以上に減ったら顧客数は増えません。念のため、顧客の離反防止のための分析も実施することにしました。メインは新規集客の分析で、サブで離反防止の分析です。この認識が間違っていました。依頼者が急務と考え、より高いレベルの分析を望んでいたのは、実は離反防止のためのデータ分析でした。依頼者の頭の中では、メインが離反防止の分析で、サブで新規集客の分析だったのです。筆者は、「最初から言ってくれよ」と心の中で思いました。しかし、依頼者の要望をくみ取れていなかった自分が悪いのです。

なぜ、このようなことが起こってしまったのか。非常に悩みました。ある社内研修で「傾聴」というキーワードを聞いたとき、ハッとしました。自分には明らかに傾聴が足りない。筆者は、ヒアリング時に傾聴できていませんでした。相手の話を聞きながら、「次に何を質問しようか」と頭の中で考えていました。相手の話を聞いて依頼内容を正しく理解しなければならないのに、他のことを考えていたら理解できるわけがありません。

冷静に考えてみると、ヒアリング時の会話の空白が怖く、相手が話したらすぐに質問しなければいけないという思いや、自分がやりやすい方向にもっていくためにどのように話して説得しようかという思いがありました。

克服法

筆者が実施した傾聴の方法は非常に簡単です。相手が話しているときは、「何も考えず頭を空っぽにする」ということだけです。

何も考えず頭を空っぽにして相手の話を聞いていると、すぐに質問できないこともあります。会話の空白が生まれることも多々あります。この会話の空白が、実は非常に重要だということに、あるとき気が付きました。会話の空白は、どちらかが何かを真剣に考えていたときに多く生まれていたのです。空白をなくそうと頑張って話しかけ、相手が一所懸命考えている最中に邪魔をする。よく考えて議論をする、という機会を失っていたのです。

さらに頭を空っぽにして相手の話を聞くことで、相手の仕草や表情、態度などのちょっとしたことに気が付くようになりました。相手が、どの箇所に力を入れて話しているのか、どの話題になると饒舌になるのか、どの悩みになると考え込むのか、ちょっとしたことがくみ取れるようになりました。そのちょっとしたことを基にヒアリングの質問を構成すればよいことにも気が付きました。相手が力を入れて説明している箇所を、オウム返しに繰り返してみる。饒舌になることもあれば、「でもね」と言って自ら言ったことを否定し始めることもあります。相手が何度も繰り返す話題に対し、「たとえば？」「で、具体的には？」など深掘りしてみたりすると、参考になる過去の事例を聞けたり問題の状況が具体的に見えてきたりします。そこで、「他に、何かありませんか？」と刺激してみると意外な回答を得たりします。

このちょっとしたことで、相手から「一所懸命聞いてくれてありがとう」と言ってもらえたりしました。依頼者との信頼関係を築け、気持ちよくデータ分析のプロジェクトを進めることができ、そして何よりもミスコミュニケーションが非常に減りました。

ヒアリングは、単純に要望を聞けばよいというだけではありません。相手がうまく表現できない考えを形にする手助けをしたり、相手に新たな視点を与えて思考を刺激したりすることも重要になってきます。データ分析に限らず、非常に重要なスキルの一つです。

教訓

あれこれ考えずに頭を空っぽにして話を聞け

失敗事例3 依頼者へのヒアリングが中だるみ状態になる

症状

分析の依頼者へのヒアリングは、何回も実施することがあります。何度も実施していると、必ず中だるみ状態になるときがあります。モチベーションが低下し、あいまいな回答や論点のずれた回答が返ってくるようになります。中身の薄いヒアリングとなり、ヒアリング回数が増え悪循環に陥ります。

そこで、筆者は一回でヒアリングをすますために、ヒアリング時間を長めに確保してみました。しかし、時間を長くしただけでは問題は解決しませんでした。ヒアリング時間が長いと、その中で中だるみ状態が発生します。そもそも、一回のヒアリングではどうしても終わらないこともあります。たとえば、ヒアリング相手から「他にどのようなデータが取れているか調べてみます」や「以前作成したデータ分析の結果の資料を探してみます」、「もっと詳しい担当者に聞いてみないとわかりません」などの回答を得たときは、次回のヒアリングに持ち越しです。

どうすればよいのか非常に悩みました。たとえば、ヒアリング項目を事前に送り記入してもらう。

次回どのようなヒアリングをするのか予告する。ヒアリング全体のマイルストーンを提示する。いろいろなことを試しましたが、うまくいきませんでした。ところが、あることをすることで解決しました。

克服法

筆者が実施したのは「意義の説明」です。毎回、その回のヒアリングの意義を最初に伝えました。各回で意義は異なるため、毎回準備します。

ここで言っている意義とは、以下の３つです。

①目的：そのヒアリングは「何のためにやるのか」
②影響：そのヒアリングは後々「どのような影響があるのか」
③便益：そのヒアリングで「何を得られるのか」

〈①目的：そのヒアリングは「何のためにやるのか」〉とは、ヒアリングする目的です。「何を」と「どの程度」の２つで構成しました。「何を」とはヒアリング項目そのものです。「どの程度」とはざっくりとした回答でよいのか具体的な回答が欲しいのかなどの文字通り、どの程度の回答を期待しているのかということです。

〈②影響：そのヒアリングは後々「どのような影響があるのか」〉とは、このヒアリングそのものが後々及ぼす影響です。「ポジティブな影響」と「ネガティブな影響」の2つがあります。少なくとも、ネガティブな影響は伝えましょう。脅しではないですが、きちんとした回答を得るための仕掛けです。
〈③便益：そのヒアリングで「何を得られるのか」〉とは、ヒアリングをすることで得られるメリットです。「個人的なメリット」と「組織的なメリット」があります。

簡単な例で説明します。データ項目一覧をもらいましたが、その項目の定義があいまいな記載のためヒアリングを実施しました。
〈①目的：そのヒアリングは「何のためにやるのか」〉は、「データ項目の定義を、お互い齟齬がなくなるぐらいまで明確にするためにヒアリングを実施します」などとなります。
〈②影響：そのヒアリングは後々「どのような影響があるのか」〉は、「データ項目の定義があいまいなままだと、間違った計算や間違った分析モデルの構築、間違った分析結果の解釈を生み出し、被害は甚大です。一方、お互い齟齬がないぐらい定義が明確だと、非常に素晴らしい分析をすることができ、より良いアクションに結び付けやすくなります」などです。
〈③便益：そのヒアリングで「何を得られるのか」〉は、「今回のヒアリングを通して、データ項目の定義で誤解を生みそうな箇所を洗い出し、かつ見直す絶好の機会となります。今回だけでなく、今後のデータ資産価値を高めるためにも必要です」などです。

このようなヒアリングをする「意義の説明」を毎回準備し、ヒアリング時の最初に伝えることで、ヒアリングの中だるみの多くは解消され、ヒアリングの質が高まりました。たとえば、ヒアリング終了後、回答したことを再度考えてもらえ、より良い回答をメールで送ってもらうこともありました。きちんと回答できる人を、次回のヒアリングまでに準備してくれるようにもなったりしました。筆者も、事前に「ヒアリングする意義」を準備することで、ヒアリングに対する意識とモチベーションが上がりました。

ちょっと面倒ですが、「意義の説明」のための事前準備はそれほど時間がかかることではありません。一度試してみてください。データ分析プロジェクトのヒアリングの質は確実に向上すると思います。

教訓

事前に「ヒアリングする意義」を準備せよ

意義の説明例

目的	影響	便益
そのヒアリングは「何のためにやるのか」	そのヒアリングは後々「どのような影響があるのか」	そのヒアリングで「何を得られるのか」
データ項目の定義を、お互い齟齬がなくなるぐらいまで明確にするためにヒアリングを実施します	データ項目の定義があいまいなままだと、間違った計算や間違った分析モデルの構築、間違った分析結果の解釈を生み出し、被害は甚大です。一方、お互い齟齬がないぐらい定義が明確だと、非常に素晴らしい分析をすることができ、より良いアクションに結び付けやすくなります	今回のヒアリングを通して、データ項目の定義で誤解を生みそうな箇所を洗い出し、かつ見直す絶好の機会となります。今回だけでなく、今後のデータ資産価値を高めるためにも必要です

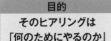

失敗事例 4

分析者が人工知能のスペシャリストとして頼られてしまう

症状

近年の人工知能をめぐる熱狂はすさまじいものがあります。囲碁ではＡｌｐｈａ Ｇｏが人間のチャンピオンに勝利し、人工知能によってバロック画家レンブラントの新作が描かれ、日本でも国家の成長戦略の一つの軸として数えられています。ビジネスの領域においても、機械学習やＤｅｅｐ Ｌｅａｒｎｉｎｇに関する活用事例は増えていますし、データ分析者界隈のブログでは、日々人工知能に関する記事が上げられています。

一方で、分析者の中には、人工知能という領域に関してやや畑違いに感じている人もいるのではないかと思います。人工知能は工学寄りの研究分野ですので、理学や人文科学出身の方にとっては、確かにやや遠い領域です。しかし、多くのビジネスパーソンは、データ分析、統計学、機械学習、人工知能、データマイニング、といった言葉で語られる領域を同一のカテゴリとして認識し、人工知能といえばあの人だ、と分析者を頼ってくることが多いようです。

筆者はデータ分析者として、顧客の悩みや課題に対してアドバイスをする機会があります。その中で多いのが「〇〇〇という人工知能製品を導入したのだが、使い方がわからないから助けてほしい」というものです。人工知能製品を導入してみたが、適用できる業務領域がない、あるいは業務データに適用してみたものの何も明確な効果が得られていない、というケースです。このようなとき、外部のデータ分析者である筆者にできることは限られています。目的が漠然としている状態で導入されたものを、止めましょうとも続けましょうとも、なかなか言えないものです。

ここには、ビジネスパーソンが人工知能に対して抱く期待と現実のギャップが存在しています。データ分析者は、「人工知能のスペシャリスト（?）」として、ビジネスパーソンに対してその期待が過剰なものであることを伝える必要があります。

克服法

データ分析者は、人工知能に関する相談を持ちかけられた場合、何をするべきでしょうか。また、そのためには、普段からどういうことをしておくべきでしょうか。

最も重要なことは、「『人工知能の導入』それ自体の目的化」を阻止するということです。人工知能の導入はあくまでも手段です。手段の目的化を防ぐため、アドバイスをしましょう。

人工知能を名乗る製品やサービスは、マーケティング的な理由からそれを名乗っていることがほとんどです。もちろん、それらにはまったく中身がないわけではなく、何らかの具体的な課題を解決するために開発されています。そのため、導入を検討する企業は自分たちの抱えている課題と、製品やサービスの機能が合致しているのかよく調査する必要があります。自社のビジネス課題に合致したものを導入しないと、有効に活用できずに痛い目を見ることになります。もし、「人工知能のスペシャリスト」として、そのような検討の場面に遭遇することができた場合は、導入すべきか否かの判断をお手伝いしましょう。

では、何らかの「人工知能」がすでに導入されている場合はどうすればよいでしょうか。そのような場合は、まずは現在の製品でできることを把握しましょう。そして、解決したい課題が明らかになったタイミングで、現在の製品で解決できそうかを判断し、利用を継続すべきか中断すべきかを提案しましょう。

人工知能に対する期待値が上がれば上がるほど、「データサイエンティスト」や「データアナリスト」という肩書を持つ分析者にも、過大な期待がかけられてしまいます。分析者は、まずはその期待に対してある程度応える努力をしましょう。日ごろから人工知能と呼ばれる領域のさまざまな分野に興味を持ち、自分のスキルだけではなく、市場における現時点での技術水準を確認しておくことも大切です。

データ分析の周辺領域にも興味を持つことで、データ分析者の仕事の幅は広がります。現在、無理筋な人工知能の導入を阻止できるのは、「人工知能のスペシャリスト（?）」であるデータ分析者だけなのです。

参考

人工知能の最新動向や基礎知識を確認するためには、左記のような情報源を参照するとよいでしょう。

- Googleニュース（キーワード：人工知能、機械学習、Deep Learning）
  https://news.google.co.jp/
- はてなブックマーク（キーワード：人工知能、機械学習、Deep Learning）
  http://b.hatena.ne.jp
- 人工知能学会ホームページ
  http://www.ai-gakkai.or.jp/

教訓　**無理筋な「人工知能」の導入を阻止せよ**

失敗事例 5

データ分析プロジェクト全体の青写真を描けない

症状

データ分析を実施する前、データ分析プロジェクト全体の青写真を描く必要があります。青写真で描くのは、どのような分析をすればよいのか、どのように分析を進めるのか、どのような分析結果が出そうか、どのような結論が導けそうかなどです。ヒアリングをしながら少しずつ全体像を明らかにし、ヒアリング終了時点でスケジュールや役割分担などを決められるぐらいまでにします。

青写真を描くスキルは経験がものを言います。よほどセンスが良くない限り、いきなり描くのは無理です。実際、筆者も無理でした。いくつかの分析プロジェクトを手伝いながら、青写真を描くスキルを身につけていきました。身につけるうえで一番大きな壁が、「データ」→「分析」→「分析結果」→「アクション」の「つながり」を描くことです。試行錯誤しましたが、どうしてもこの「つながり」をうまく描けないのです。

当初、筆者は分析作業の流れに沿って積み上げ式で青写真を描いていました。たとえば、以下のような流れです。

①まず、利用する「データ」を考える
②次に、そのデータで実施する「分析」を考える
③その次に、分析の「分析結果」を考える
④最後に、分析結果から導かれる「アクション」を考える

要するに、「データ」→「分析」→「分析結果」→「アクション」の順番に考え、データ分析プロジェクト全体の青写真を描いていました。このアプローチはうまくいきませんでした。やるべき分析が多くなってしまうのです。後から考えると無駄だと思える分析がいくつもありました。たとえば、「チラシを増やすべきか減らすべきか」という意思決定のためのデータ分析をするとします。

手元に、エリア別の配布枚数と店舗売上のデータがある。店舗別の年間売上と年間チラシ枚数を集計し、売上とチラシ枚数の関係を分析する。仮に、年間売上と年間チラシ枚数の間には正の相関があるという分析結果になったとする。つまり、チラシ枚数が多い店舗ほど売上が大きい。この事実をどのように意思決定に活かせるだろうか。仮に負の相関（チラシ枚数が少ない店舗ほど売上が大きい）があるという分析結果であっても、どのように意思決定につなげればよいのかわからない。

では、日別の売上とチラシ枚数を集計し分析すればよいのだろうか。単純に相関分析をすると、こ

の分析も意思決定に使えない。売上の大きい土曜日と日曜日の店舗集客のために金曜日にチラシを撒いていたら、チラシを撒いていない土曜日と日曜日の売上が大きく、正の相関は求められない。では、週別にすればよいのだろうか。一見よさそうだ。週の区切り方（例：火曜日から月曜日に区切る。理由は、月曜日がお休みで3連休になるこ

「データ」→「分析」→「分析結果」→「アクション」の順に考えていく

このアプローチだと、何のアクションも導かない分析結果（**使えない分析結果**）を量産する可能性がある。つまり無駄な分析をしている

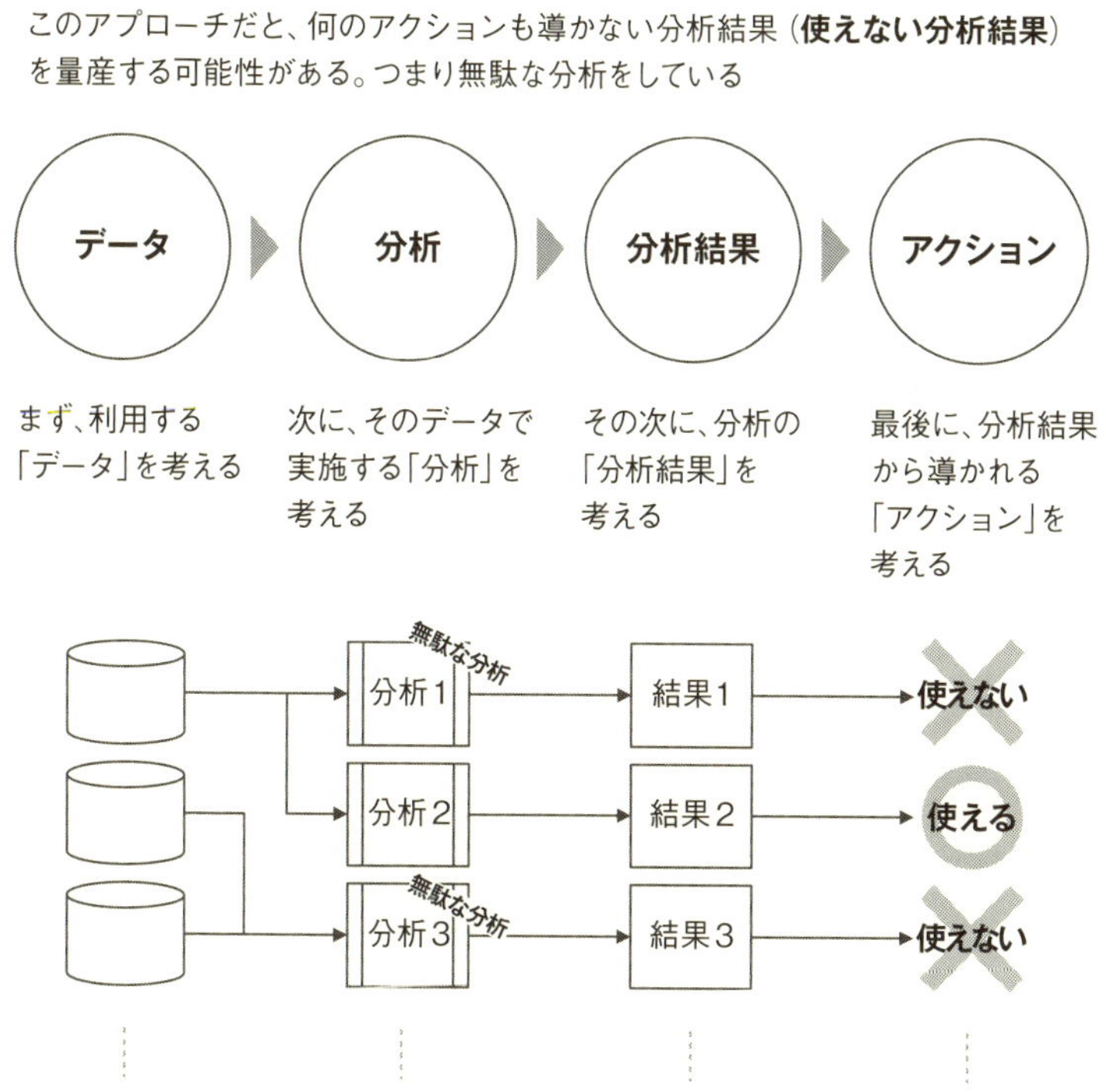

とが多いため）に注意が必要だ。しかし、そもそも相関分析で意思決定につながるのだろうか。

このように、「データ」→「分析」→「分析結果」→「アクション」の順番に考えていくと、いろいろな分析が考えられます。まさに、じゅうたん爆撃のような分析です。考えついた分析を一つ一つ頭で想像しながら、どのような分析結果が出、そしてどのようにアクションにつながりそうかを考えていきます。結構大変です。良さそうだと思っても、実際に分析してみるとまったくアクションにつながらないこともあります。そして、やるべき分析が非常に増えてしまうことも多々ありました。有効かどうかわからない分析を、五月雨式に実施するのです。時間ばかりが過ぎていきます。

克服法

逆算です。分析目的に沿って、アクションから逆算（「アクション」→「分析結果」→「分析」→「データ」）して考えることで、無駄な分析を大幅に減らすことができました。非常に単純なことですが、とても強力な方法です。

アクションに必要な分析結果は何で、そのためにどのような分析が必要で、そのためにどのようなデータがあるとよいか、がわかります。多くの場合、必要なデータは完全にはそろいません。足りないデータは、新たに収集できないかを検討する必要があります。

逆算でデータまで考えたら、今あるデータと新たに収集したデータを基に、このデータでどのような分析ができるのかを考え修正します。そして、分析結果はどのような感じに変わるのか（例：売上予測が数値ではなく、好調／維持／低調の3値で出力されるなど）、その分析結果でアクションとのつながりが十分に担保されるのかを考えます（例：好調／維持／低調の3値の出力で、十分にアクションにつながるなど）。

つまり、まず逆算（「アクション」→「分析結果」→「分析」→「データ」）でやるべき分析の的を絞り、次に「データ」→「分析」→「分析結果」の順番に考えていき、現実的な青写真に仕上げていきます。

「アクション」→「分析結果」→「分析」→「データ」の逆順に考えていく

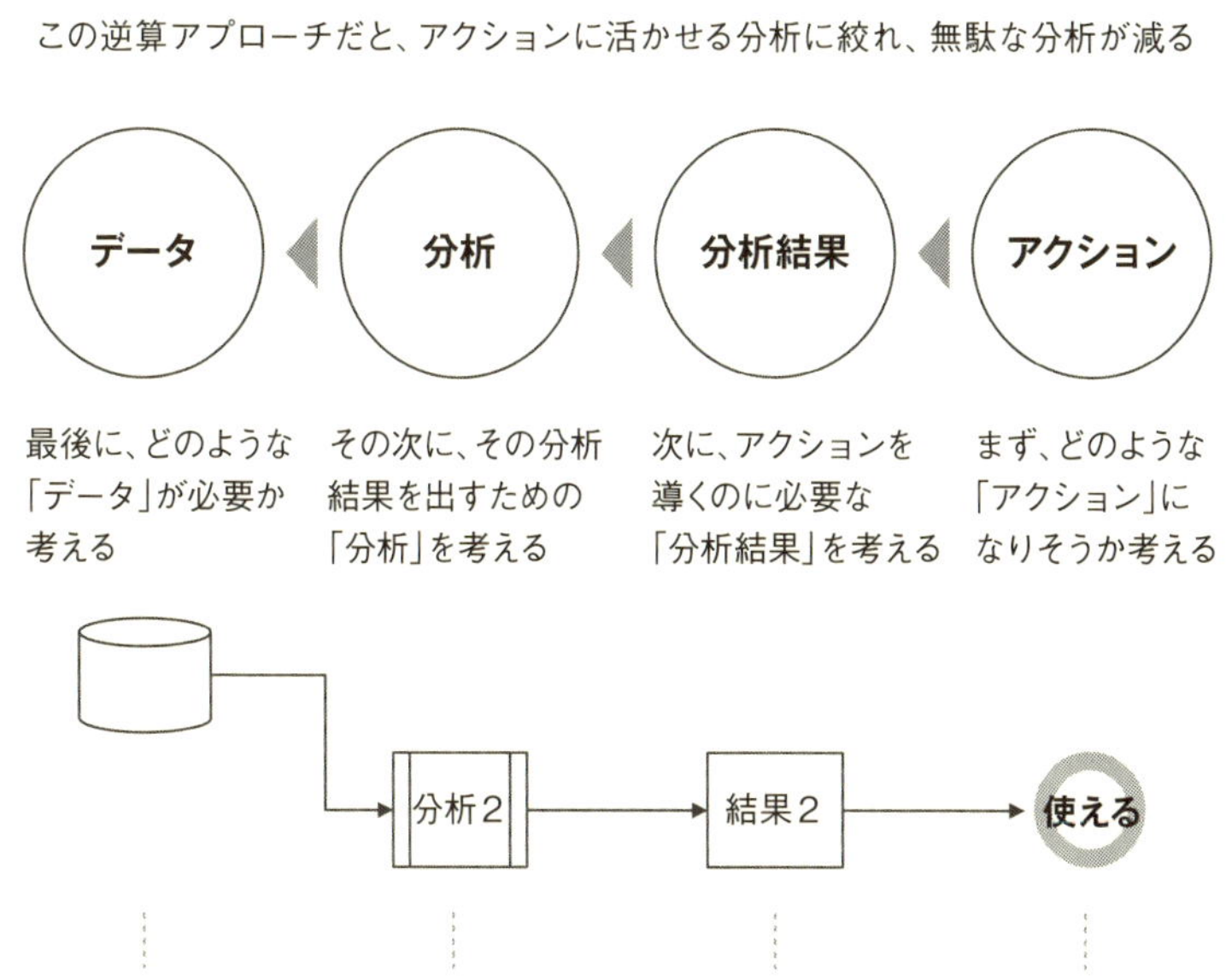
この逆算アプローチだと、アクションに活かせる分析に絞れ、無駄な分析が減る
データ
分析
分析結果
アクション
最後に、どのような「データ」が必要か考える
その次に、その分析結果を出すための「分析」を考える
次に、アクションを導くのに必要な「分析結果」を考える
まず、どのような「アクション」になりそうか考える
分析2
結果2
使える

教訓

青写真は逆算思考で考えろ

失敗事例6
プロジェクト開始時におけるメンバーの足並みがそろわない

症状

依頼者からヒアリングをし、どのようなデータ分析を実施するのかが固まったら、データ分析をスタートさせます。ヒアリングを何度か重ねていくうちに、いろいろな決定事項が決められていきます。決定事項はその場で共有されるのだから、キックオフ・ミーティングを開かずにプロジェクトを開始しても問題ないだろうと、筆者は思っていました。わざわざキックオフ・ミーティングを開くこと自体無駄なことだと思っていました。関係者の日程を調整し、会議室を予約し、資料を作り、そしてミーティングをする。意外と時間がかかるものです。

筆者が、分析プロジェクトをコントロールできるようになったとき、試しに、キックオフ・ミーティングを実施せずに分析プロジェクトを開始してみました。小さな分析プロジェクトだったためか、問題なくプロジェクトは進みました。いつしか、筆者がメインの分析プロジェクトだけキックオフ・ミーティングがないという状態が続きます。そして、問題が起こります。比較的大きな分析プロジェクトに限って起こるのです。

メンバーの中には、言われなくとも担当箇所の仕事を積極的に進める分析メンバーと、そうでない分析メンバーがいます。問題になったのは、まったく手を付けない分析メンバーが少なからずいたことです。話を聞いてみると、「いつから始めればよいのかわからなかった」と言うのです。依頼者へのヒアリングに一緒に参加したメンバーもいます。参加していないメンバーには、ヒアリング内容のメモを共有してあります。まったくわからないということはあり得ません。正直、「社会人なんだから、いちいち言われなくても察してくれよ」とか「過去のヒアリング資料を読んでくれよ」とか思いました。しかし、ヒアリングした事項を基に最終合意内容をまとめ、分析目的とスケジュール、役割分担などを明確に伝えていなかったと反省しました。他力本願ではなく、自分自身が積極的に働きかけなければならない、と思い直しました。

克服法

関係者を集めたキックオフ・ミーティングを、必ず開催するようになりました。そのことで、少なくとも分析プロジェクト開始時の足並みの乱れは減り、非常に良いスタートを切れるようになりました。

良いスタートを切るだけでは不十分です。スタートだけでなく、プロジェクト全体がスムーズに進むのが理想です。そこで重要になるのがキックオフ・ミーティングの資料です。資料の良し悪しが、後々まで影響を与えるからです。資料として、今までヒアリングした内容を簡潔にまとめ、分析目的を掲載し、スケジュールと役割分担を示し、そして誰と誰がどのようなタイミングで関わるのか、などを明確にしました。資料は、後々まで残ります。迷ったら読み返すこともできます。そして、分析結果の報告資料を作るときにも、そのまま使えます。分析プロジェクト全体が非常にまとまった感じになります。一つの資料としてまとめることで、資料を作る側にもいろいろな気づきがあります。自分自身があいまいな点や漠然と思っていたことでも明文化しなければならないため、再度ヒアリングする必要が出てくることもあります。

その資料を基にキックオフ・ミーティングは進むわけですが、その場で疑問や不安、質問などが出席者から出され、その場で解決されることも多いです。

最近はインターネットを活用した便利なコミュニケーションツールもたくさんありますが、重要な場面では、顔と顔を突き合わせたミーティングなどのコミュニケーションが非常に重要なのだと思いました。顔の表情や態度などから、納得していないなとか、何か聞きたそうだなとか読み取れるからです。

教訓

顔と顔を突き合わせたキックオフ・ミーティングは必ず開け

失敗事例 7
分析の途中で必要なデータの不足に気づいてしまう

症状

別の担当者から分析を引き継ぐということがあります。引き継ぐというのは、ここでは、話がある程度まとまった段階で分析担当者になるという状況です。筆者の場合では、誰かが提案活動をしていて、受注が確定してから分析担当になるということがあります。その場合、担当になるまではデータのありかを知らない状態です。

こんなことがありました。小売業での広告貢献度分析です。広告貢献度分析というのは、TV広告や新聞広告、チラシの各広告が、それぞれ売上のうち何割を占めるか分析することです。期間は直近2年間とのことでした。分析するときに必要なデータは以下でした。

①売上データ
- 地区別の店舗合計の過去5年分売上金額

②広告露出データ

- TVCM：地区別の視聴率過去5年分
- チラシ：地区別の配布部数過去5年分
- 新聞：地区別の広告掲載数過去5年分

③広告出稿金額データ

- TVCM：地区別の出稿金額5年分
- チラシ：地区別の出稿金額5年分
- 新聞：地区別の出稿金額5年分

キックオフ・ミーティングで分析の目的と分析内容を確認し、その後意気揚々と分析に取りかかりました。ざっと受領したデータを確認して、そのまま分析に使えそうだと思い、すぐに各広告の露出データと売上金額を使って重回帰分析を始めました。地区別に重回帰分析を実行し、分析結果を粛々とまとめていきました。しばらくして分析結果がまとまったところで中間報告を行いました。中間報告では重回帰分析が完了した地区と、未着手だけれどもその後進める予定の地区を伝えました。分析対象の地区は受領データに含まれている地区です。

ところが、その中間報告で思わぬことが判明します。依頼者が分析対象と想定していた地区が含まれていなかったのです。筆者は改めて受領データを確認してみたのですが、その地区はデータに含まれていませんでした。追加でデータをもらおうとしたのですが、右記のデータは広告代理店を経由して取得したものでしたので、データの取り寄せに3週間ほどかかるということでした。

　こういった場合は話し合って納期を延ばす対応をするのですが、今回は依頼者の上層部の意向でどうしても延ばせませんでした。仕方なく、データがそろっていない地区は分析せずにプロジェクトを終えました。しかし、分析できなかった地区は重要な拠点の一部でしたので、重要な視点が抜け落ちてしまい、中途半端な結論に終わりました。

克服法

　一番効果的な解決策は、キックオフ・ミーティングの場で、分析担当者が受領しているデータについて依頼者に確認してもらうことです。分析対象のデータがそろっているか、期間や粒度は分析に十分であるかどうか。ここでデータの状況をキックオフ・ミーティングで依頼者に伝えます。そこで足りないデータがあれば追加で提供を依頼します。キックオフ・ミーティングで足りないデータが判明したとしても、そこからであればスケジュールに間に合う日程で取り寄せ可能なことが多いです。キックオフ・ミーティングでは以下のことを資料にまとめ、依頼者に確認してもらいましょう。

①分析対象（この場合は対象地区）

②使用データの粒度（年次、月次、週次、日次など）
③使用データの期間（この場合は5年間）

これらを確認するようにしてからは、プロジェクト中盤以降にデータが足りないことが判明して困ることがなくなりました。データがそろっているか早めに確認することはスケジュールの遅れを防ぎ、当初の目的を達成するために大切なことです。

教訓　**使用するデータはキックオフ・ミーティングで必ず依頼者に確認せよ**

失敗事例 8 必要なファイルがどこにあるかわからない

症状

プロジェクトを進めるにあたって、管理しなくてはならない物事はたくさんありますが、こと分析プロジェクトにおいて特に重要になってくるのが、データの管理です。誰にいつ、どのようなデータをもらい、それはどこに置いてあるのか。誰かが管理してくれているデータベースがあり、それをつくだけでよいのなら、管理すべきものはあまり多くありませんが、ＥｘｃｅｌやＣＳＶあるいはＰＤＦなどの多種多様なファイルが分析対象になるとき、それらを適切に整理するのは、分析担当者がやらなければならない大仕事となります。

特に、一人で分析プロジェクトを進めている場合は、どうしてもデータの管理がおざなりになり、依頼者からもらったデータはローカルのデスクトップやファイルサーバ、分析サーバなどに散在してしまい、どれが最新で正確なデータなのかがわからなくなってしまいます。

また、業務で発生するデータには、分析者からするとどうしようもない問題も生じます。そのうちの一つが、ファイル名です。筆者が体験した最もひどいファイル名を再現しましょう。以下のようなファイルが同じ依頼者から同じｚｉｐファイルで送付されてきました。

- 「FY1610_売上.xlsx」
- 「2016年度10月度売上_（修正済み_追記あり）.xlsx」
- 「【最新】2016年10月度売上.xlsx」

これらのファイル名は、よく読んで解釈すれば、いずれも２０１６年10月の売上データであるということがわかります。しかし、売上データだけではない、別の種類のファイル、たとえば広告のコストが記載されたデータと混ざって同じフォルダに置かれてしまうと、パッと見てどれが目的の年月の売上ファイルなのかを探すのが難しくなります。また、これはＥｘｃｅｌファイルではよくあることですが、データのバージョン管理をシートで行っているケースに遭遇します。シート名に、「Sheet1」「修正済み」「修正済み_追記」といったシートが並び、よくよく中身を確認しないと何が最新で正確なデータなのか、把握できないということもあります。

このような不規則なファイル名は、時として取り返しのつかない結果を招きます。分析プロジェクトの引継ぎが必要なとき、あるいは分析のサイクルが比較的長いとき、必要なファイルがどこにあるのか、まったくわからなくなってしまいます。その場合、できるだけオリジナルに近いデータを用いて再整備しようと試みるも、それすら難しいということになってしまいます。

克服法

データを整理する際は、その都度あれこれ考えるよりも、規則を決めて機械的に行うことが重要です。最低でも以下のようなことを行っておくことをお勧めします。

- フォルダ構造のテンプレート化
  …依頼者からもらったファイル、それをもとに整理したファイル、分析スクリプトなどにフォルダを分ける
- ファイル命名規則の設定
  …ファイルの更新日やバージョンをもとに、ファイル名を決め、どのファイルが最新であるかが一目でわかるような命名規則にする
- 中間ファイルや最終的に分析に使用したものは別途まとめる
  …分析の再現自体はすぐにできるようにしておく

たとえば、筆者は依頼者からデータをもらったとき、とりあえず以下のことを行っています。

①受領したデータは「01_受領データ」フォルダに保存します。その際、日付の付いたサブフォルダを作成し、そこに格納しておきます。データを受領したときのメール文や口頭で説明されたことをテキストファイルに起こしたものも一緒のフォルダに放り込んでおきます。これによって、最低限、日付のついたサブフォルダ内に置いてあるファイル類の内容が把握できます。

②その後、「01_受領データ」フォルダ内に置いてあるデータをもとにして、「02_中間データ」フォルダ内でプログラムから扱いやすい形に整備します。これは、ちょっとしたスクリプトで行うこともありますが、多くの場合は不定形な処理ですので、手作業となります。

③最後に、「02_中間データ」フォルダ内にあるデータを参照しながら、分析アルゴリズムの入力として使用するデータを作成し、「03_整備済みデータ」に保存します。このフォルダには、「02_中間データ」フォルダ内のデータを整備するスクリプトも保存しておきます。

データ整備を行っていると、実はそもそものオリジナルのファイルに誤りがあったということがあります。そのような場合は、「01_受領データ」に新しい日付のフォルダを作成しそこに置いた後、関連する中間ファイルを更新します。③の作業はスクリプトによって行うものですので、2番までの作業が終われば、あとはスクリプトを実行するだけでデータの修正を反映した分析を行えます。

これはあくまで一例であり、最もずぼらなやり方です。しかし、あれこれ試行錯誤してファイル名

データ整理の手順

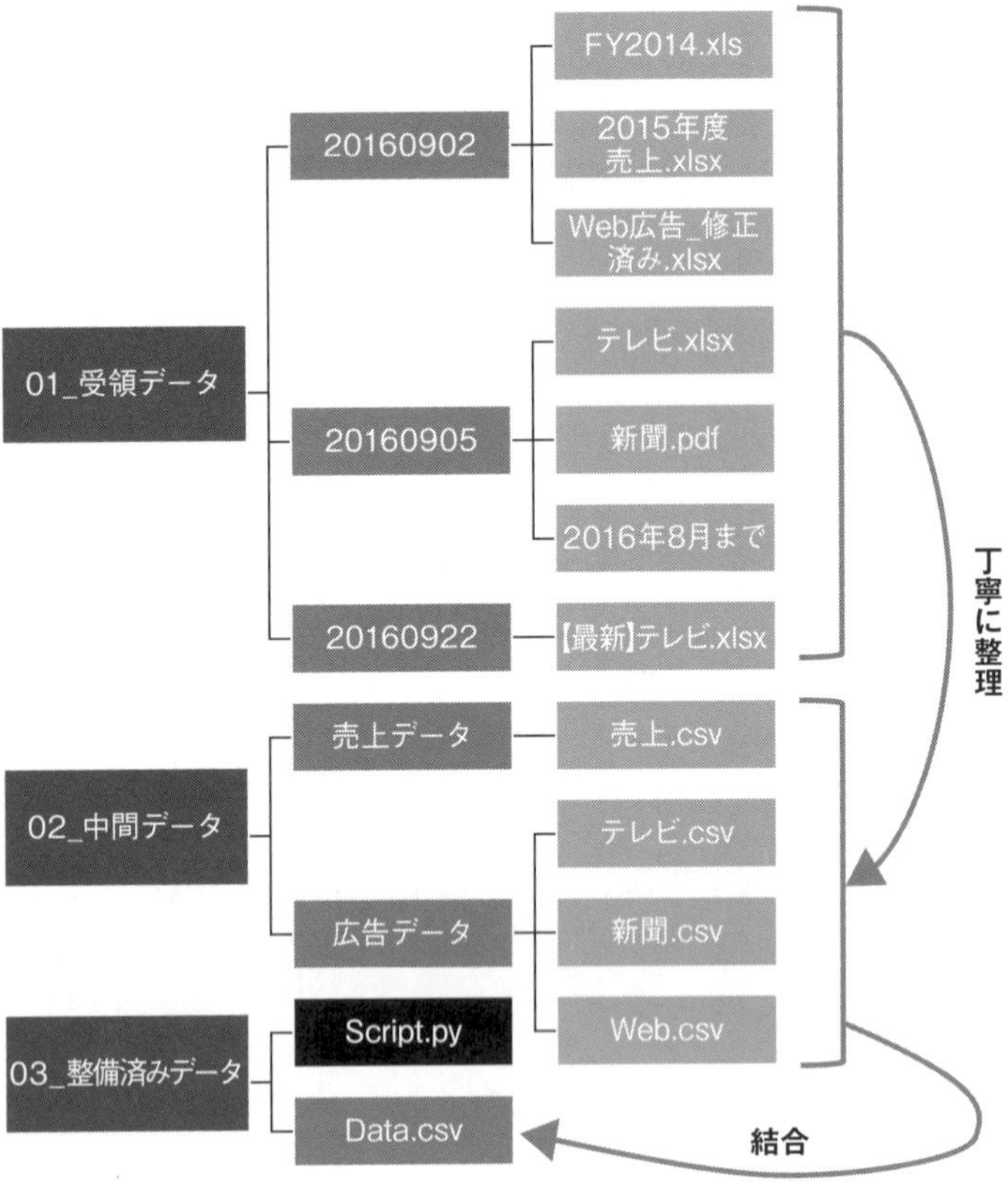
01_受領データ
20160902
FY2014.xls
2015年度売上.xlsx
Web広告_修正済み.xlsx
20160905
テレビ.xlsx
新聞.pdf
2016年8月まで
20160922
【最新】テレビ.xlsx
丁寧に整理
02_中間データ
売上データ
売上.csv
広告データ
テレビ.csv
新聞.csv
Web.csv
03_整備済みデータ
Script.py
Data.csv
結合

の命名規則に凝りすぎてオリジナルのファイルを見失ってしまうよりも、単純なルールを決めて機械的に整理したほうがよいこともあるのです。

教訓

ファイル保存の規則を決めよ

失敗事例 9
情報セキュリティの確認に時間をとられてしまう

症状

データ分析を行う際に意外と盲点になってしまうのが、セキュリティです。ＩＳＯ２７００１（いわゆるＩＳＭＳ審査）やＰマーク（プライバシーマーク制度）の審査に関わったことのある方はご存じだと思いますが、そういった審査では、業務で扱うデータの中に個人情報や機密情報が含まれているか、含まれているとしたら対策のための何か特別な措置をとっているか、取得から保管、利用、破棄までの流れは確立されているか、といったことが問われます。

これらの規格の審査とは無関係な企業もあることでしょう。しかし、自分たちの職場が抱えている情報セキュリティ上のリスクを把握し、リスクに対してどこまで対処できていて、どこまで対処できていないのかを把握しておくことは、分析プロジェクトを継続的に進めるうえでの重要な作業になります。

分析担当者が知っておくべきことは、この作業にはそれなりの時間がかかるということです。さあ、分析に取りかかろう、と意欲を高めていても、その前に情報セキュリティの確認でストップがかかってしまうことがあります。特に、社外から依頼されてデータ分析を行う場合は、機密保持に関する契約が必要になり、条文をめぐる法務的なやり取りが発生することも多く、一カ月以上分析を始められない、ということもあります。

また、依頼者の企業によってはデータ分析の体制に関する要望を告げられることもあり、それに対する体制づくりが必要になります。社内のデータを用いた分析であっても、人事系のデータなどは個人情報が大量に含まれている可能性があるため、個人を特定できる情報をダミー情報に置換したり、専

データの取得から廃棄までの流れ

取得	・データを入力または取得する ・個人情報の場合は、利用目的を情報提供者に対して明示する
保管	・データを保管する ・保管される場所やメディアの種類に応じてリスクを評価しておく
加工	・データを加工し、利用しやすいようにする ・個人情報の場合は、個人がわからないような統計処理やダミー値への変換を行う
利用	・データを使ってサービスを提供する ・データを使ってレポートを作る
破棄	・データを破棄する

用の作業スペースを用意する必要が生じたりします。こうした作業に時間をとられているうちに、分析にかけられる時間がどんどん減ってしまうのです。

克服法

分析プロジェクトをスムーズに始めるために、最低限、以下の点を普段から意識しておきましょう。

①依頼者からデータを受け取る前に、個人情報や機密情報が含まれる可能性があるかを必ず確認する。含まれている場合は、個人情報を除外しても成立する分析なら、できるだけ依頼者自身の手で除外してもらう。

②データに個人情報や機密情報が含まれている場合に、社外や社内での必要な手続きを洗い出しておき、それぞれにどれくらい時間がかかりそうかを確認しておく。

後者の具体的な手続きに関しては、社内の情報セキュリティを担当している部門や人に確認してみましょう。

情報セキュリティ関連の確認は手間がかかります。しかし、必要な水準でのルール確認は分析プロジェクトをスムーズに始め、運用するための武器になります。

教訓　セキュリティルールを用意せよ

失敗事例 10
分析者同士のコミュニケーションがうまくいかない

症状

ひとくちにデータ分析者と言っても、各人の知識やスキルはさまざまです。特定のビジネス領域に関する知識が豊富な人や、統計学に精通していて厳密な分析を得意とする人、分析用のプログラムや機械学習のアルゴリズムを実装するのがうまい人など、多岐にわたります。逆に、ビジネス領域への興味が薄い分析者もいれば、統計学の知識が怪しい分析者、分析スクリプトを書くのが遅い分析者もいます。

ここで問題になるのが、複数のバックグラウンドを持つ分析者同士のコミュニケーションです。それなりの規模のデータ分析のプロジェクトでは、さまざまなバックグラウンドを持つ分析者たちが混在する状況で進められることがあります。また、小規模のプロジェクトであっても、前任者からの引継ぎを行う場面が生じることがあります。いずれにせよ、異なるバックグラウンドを持つ分析者同士がコミュニケーションをとって仕事を進めることは案外多く、このような場合、使用する用語の不統一や知識レベルの差があると、分析者同士のコミュニケーションが失敗するリスクが高まります。

分析者同士のコミュニケーションが失敗する例として、前任者が行ったデータ分析業務を引き継ぐ場面を想定してみます。

前任者は、依頼者の人となりやデータの置き場所といった、分析の前提となることから始め、データ整備の注意事項や今まで行ってきた分析の方針、そして現状のデータ分析への評価を後任者に伝える必要があります。

後任者は、前任者の説明を受けて、データの整理の仕方や意味を把握し、モデルの構築を再現できるようになる必要があります。そして最終的には、自分がどのようにモデルを改善できるかを考えられるようになる必要があるのです。

このようなときに、引継ぎがうまくいかないことがあります。筆者が前任者から分析を引き継いだときの例を挙げてみます。

まずは、前任者からどのような分析を行っているのかについての説明を受けるのですが、説明変数としてなぜこの変数を採用したのか、なぜこの正規化の手法を用いているのか、対数変換を行う必要はあるのか、この手法を使うのは果たして正しいのか、とたくさん疑問が湧いてきました。これらのこまごまとした疑問に答えてもらっているだけで引継ぎの時間はなくなってしまい、結局多くの疑問点は解決されないまま終わってしまいました。

さらに、前任者は実はそんなにしっかりした知識がないまま分析をしていたのではないかと、不信感を抱きそうにもなったりしました。

　疑問を解消するというのは、もちろん重要なことです。前任者が構築したモデルは、後任者が納得できない考え方で作られているかもしれませんし、もしかしたら会社の業績に直結しうる、重大な欠陥を抱えているかもしれません。しかし、あまりにも疑問点の解消に時間を費やすと、引継ぎに時間がかかってしまいます。場合によっては考え方のちょっとした違いから、前任者との関係が悪くなってしまう可能性もあります。

　前任者の構築したモデルに対して感じた疑問点は、実は仕方なしに選択されたものかもしれません。たとえば、カウントデータの分析なのに

引継ぎに必要な情報と作業

基本情報

分析依頼者　データの取得方法　分析スクリプトの置き場所　セキュリティリスク

⇩

データ整備

データの各項目の意味　欠損値や異常値の種類と対処法　どのような前処理が必要か

⇩

分析内容

説明変数の選択理由　変数変換の実施理由　分析手法とモデルの選択理由

⇩

現状の評価

精度　分析依頼者からの評価　運用状況　考えられる改善方法

ポアソン回帰モデルではなく、通常の線形回帰モデルを採用している、といった場合、分析者にポアソン回帰モデルを構築できるスキルがなかったわけではなく、通常の線形回帰モデルと比較したうえで、あえてそちらを選択したのかもしれません。こういったことは短い引継ぎの時間の中では、前任者も伝えきれないことがあります。

データ分析はデータという共通のモノから出発しつつも、さまざまな判断を通じて行うものです。そこには、依頼者からの要件や、分析者の経験や知識、時間的な制約といった要素が入り込みます。突っ込みどころはたくさんあるでしょうが、それには理由がある場合もあるのです。引継ぎという場面に限らず、異なるスキル、異なる考え方を持つ分析者たちのコミュニケーションには、リスクが伴うのです。

克服法

異なるバックグラウンドを持つ分析者同士のコミュニケーションミスは、どのように回避すべきでしょうか。

大原則として、互いの分析スキルと考え方を尊重することです。引継ぎの場面で言えば、前任者の行った分析内容を、最大限好意的に受け止めるということに留意しておきましょう。たとえ納得のいかない分析内容であっても、まずはおとなしく聞き、再現することを優先しましょう。再現を進めていくと、一見するとおかしな判断が実は工夫されたものだったことや、時間の制限で仕方なく選択されたものだった、ということがわかってきます。

そのうえで、疑問に思うところを洗い出し、前任者に聞いてみましょう。そうすることで、前任者の知識に裏付けされた思惑がわかったり、逆に前任者の勘違いや知識不足が明らかになったりします。特に、勘違いや知識不足が判明するというのは、前任者にとっても重要な機会です。なぜその判断に問題があったのか、後任者は教えてあげる必要があります。プロジェクトに集中している当人では気づけなかったことかもしれないからです。

前任者からの引継ぎを行う際は、以下のような優先度で進めるとよいでしょう。

①前任者が行ったことを理解し、再現できるようになる
②前任者の行ったことに関する疑問点を解消する
③前任者の行ったことへの改善点を発見し、議論する

引継ぎ時の優先度

データ分析者の人手不足が叫ばれて久しいです。データ分析の領域には、今後も多様なバックグラウンドを持つ人材がやってくることでしょう。その際に重要なのは、ある一つの観点からの正しさを押し付けるのではなく、お互いのバックグラウンドと知識を最大限尊重したうえで、ともにより良い分析を作り上げていくことなのです。

分析者にもいろいろな人がいるということを受け入れましょう。

教訓

分析者にもいろいろな人がいることを受け入れよ

Chapter 3

分析フェーズを着実に進めるための20の失敗事例

失敗事例11 依頼者のすべての要望に応えようとしたが、時間が足りない

症状

分析の依頼を受けたとき、どんなことがやりたいのかを依頼者に聞きに行くことになります。熱心な依頼者ほど、やりたいことをたくさん話してくれると思います。そして熱心な分析者ほど、できる限りすべての要望に応えようとするでしょう。

たとえばこんなことがありました。あるとき依頼がありました。Web広告の評価をしてほしい、どの広告に投資を集中させればいいか知りたい、とのことでした。打ち合わせを設定して、ヒアリングに行きました。やりたいことは、①受注の効率化、②新規顧客の獲得、③主力商品の強化、の3つでした。期間は3カ月です。どれも大変魅力的な課題です。これは楽しい分析になるだろうと心を躍らせながら分析内容を考えました。

期間は3カ月ありますので、1カ月で1つやれば3カ月で3つできると思いました。しかしこれが大きな過ちでした。時間が足りなかったのです。いえ、分析自体は3つとも完了させました。しかし

1つの分析に20日ぐらいかかるような内容でしたので（20日と言えば筆者の所属する会社の1カ月あたりの営業日数です）、分析結果を深掘りする時間がまったくありませんでした。深掘りとは、ここでは分析結果に根拠を与える作業です。その時間を確保しなかったために、「この結果は納得できない」と言われてしまいました。残りの2つの分析も同じです。「いろいろ結果を持ってきてくれるけれど、どれも中途半端だった、Web広告施策に役に立たなかった」と言われてしまいました。

結局、その後その依頼者から分析を依頼されることはありませんでした。この分析は筆者が初めて主担当として受けた依頼でしたので、大変落胆しました。力

依頼者に言われたことを全部やって失敗した例

不足だったのかと思いました。

克服法

力不足だったのは確かです。しかし分析の知識や技術が足りなかったのではありません。一度にすべてのことを分析しようと思ったことがよくなかったのです。依頼者の知りたいことや、やりたいことを全部叶えるにしても、すべて一度にはできません。やったとしても情報を整理しきれません。依頼者も分析者自身もそうです。

この情報を踏まえ、次に主担当で分析する機会があったとき、まずは依頼者のやりたいことのうち1つだけに集中することにしました。一番知りたいことは何かを尋ね、その分析に集中し、一通りの結論が出てから次の分析に進むのです。20日かけて計算して、10日かけて深掘り、1つの分析につきだいたい営業日換算で1・5カ月ぐらいです。そうすると一つ一つの分析から次のアクションにつながることを提言できるようになりました。依頼者に満足してもらえるので、次も声がかかるようになりました。

依頼者の頭のなかにはやりたいことがたくさん浮かんでいます。そして熱意のある分析者ほどすべて叶えようとするものです。ですが、依頼者がやりたいと言っていることの中には、プロジェクトの目的に則していないことも入っていたりします。時間に余裕があるならいいのですが、多くの場合、あれもこれもやったあげく何も有意義な結果が得られなかったという結末になることが多いものです。本当に必要なことだけに集中して分析しましょう。依頼者に言われたことをすべてやる必要はありません。

教訓

依頼者に言われたことをすべてやる必要はない

依頼者に言われたことを取捨選択してうまくいく例

目的に即した分析を１つ選ぶ

１つの分析に集中し、適宜深掘り分析して、アクションにつながる分析をする

次にやるべきことがはっきりし、依頼者は満足する

失敗事例 12 新たな分析手法にチャレンジしたが、時間が足りない

症状

今まで経験のない分析手法にチャレンジするときがあります。以前からあるオーソドックスな分析手法であれば、周囲の人に聞きながら分析を進めることができます。それでは面白くない。筆者は、周囲の人があまりやったことのない新しい分析手法でやりたいという欲求が強く、無謀なチャレンジをすることがありました。このような欲求は、データ分析をする人であれば少なからずあるのではないでしょうか。筆者の場合、何度もチャレンジし、何度も痛い目にあいました。

筆者は、十分時間があるから新しい分析手法でチャレンジしても問題ないだろうと高をくくり失敗したことがあります。既存の分析ツールでなんとかなると考えていたのです。いざ分析しようとしたら既存の分析ツールで分析できず、一からプログラミングをすることになりました。そのあげく、思っていた以上に時間がかかり途中で断念。単に時間を浪費しただけとなり、後工程の分析スケジュールがタイトなものになってしまったこともあります。さらに、報告会を台無しにしてしまいました。

原因はどこにあるのだろうかと悩みました。この機会に試してみたいという独りよがりな欲求。オーソドックスな手法では格好がつかないという同僚への見栄。今ある自分の力だけで有効な分析ができないという自信のなさ。いろいろと考えられます。

もちろん、分析プロジェクト中でなければ、まったく知らない分析手法の論文を読みあさり、そして一からプログラミングし実装するのもよいでしょう。

問題は、分析プロジェクト中で、確実に結果を出せるかどうかわからない分析手法でチャレンジをすることです。これは、非常にリスキーで無謀なことです。とはいえ、まったくチャレンジがないと分析のモチベーションも能力も落ちていきます。

克服法

筆者の克服法は非常に単純です。まず確実に自分でできる分析手法で実施する。余力があれば、試験的に最新の手法で分析を実施する。時間がなければ、分析プロジェクト終了後、最新の手法で試し、良い結果が出れば関係者に共有する。

少なくとも、時間内に分析が終わらないという事態だけは避けられます。分析の依頼者は、往々にして分析手法に興味がないケースが多いです。明らかに間違った分析をしなければ問題にならないでしょう。確実に言えることは、分析の依頼者は分析結果とそこから導かれるアクションに興味があります。その分析結果が得られないと非常に問題になります。

そして、どのような分析手法で実施しても、導かれるアクションはほぼ同じケースが多いです。同じデータで分析しているのに、分析手法を変えるごとに導かれるアクションが大きく異なるケースは非常に稀です。より高度な分析手法を使うことで、新たな視点が加わって見通しが良くなったり、分析結果の精度が高まりより自信を持ってアクションを実施できたりするなど、導かれるアクションのベクトルが強化されることがほとんどです。

データ分析には、確実性と夢が必要なのだと思います。確実に結果を出せる手法で分析し、余力で夢のある最新の手法で分析してみる。単に、筆者が手法偏重者なだけなのかもしれませんが、分析者として常に新しい分析手法を試す

まずは自分自身の力ですぐできる分析から始めよう！

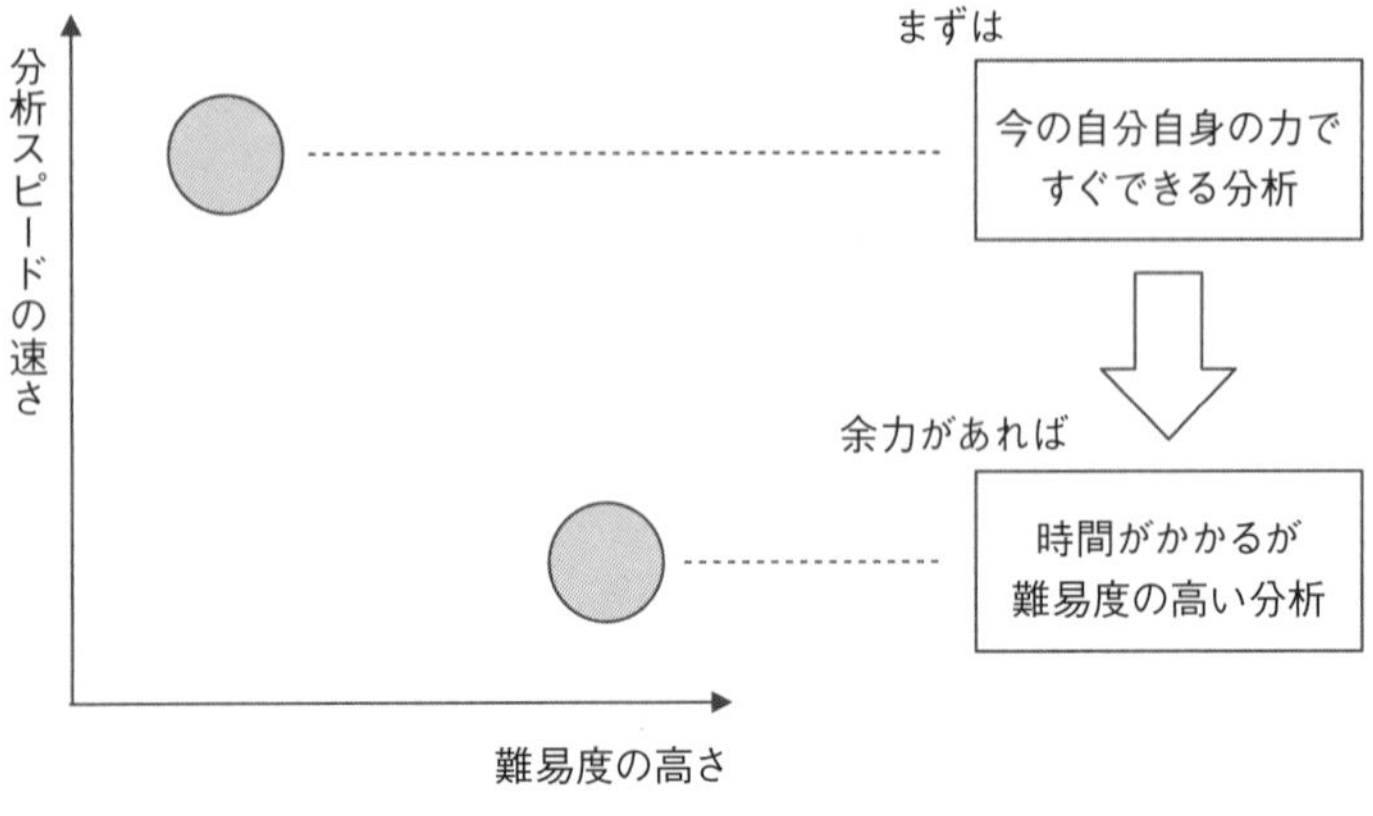

という欲求は悪いものではないと考えています。

教訓

確実に結果を出せる手法で分析し、余力があれば新しい手法で分析する

失敗事例13 必要のないモデルの構築に時間と費用をかけてしまった

症状

本項では、そもそも分析者による分析が不要だったという、極端ですが実際にあった例を紹介します。

小売店の在庫管理を行っている部門から、商品の需要予測を行いたいという分析の依頼がありました。現状では各店舗の仕入れ担当者が「勘と経験」で仕入れる商品の個数を決定しているところを、統計モデルによる需要予測を行うことで、在庫管理コストを減らしたい、とのことでした。

筆者は早速作業に取りかかりました。依頼者から受領したデータを使って、季節性や天気、気温を加味した需要予測のモデルを構築しました。そして、そのモデルから一週間先までの販売個数予測値を毎日出力できるようにし、「おまけ」として過去の販売個数の実績もグラフ化して出力するようにしました。

筆者の分析結果を受けて、分析の依頼者は、各店舗の仕入れ担当者にこの予測値と実績値を毎日送付するという運用を開始しました。

ところが、数カ月たったのち、時間と費用をかけて需要予測モデルを構築したにもかかわらず、仕入れ担当者は、予測値をほとんど見ていないということが明らかになってきました。仕入れ担当者が見ているのは予測値ではなく、「おまけ」として添付されていた実績データだというのです。

筆者は、仕入れ担当者の何名かに、なぜ予測値が活用されていないのか聞いてみました。得られた回答は、要するに「過去一週間分の販売実績のグラフを見たうえで、現場の人間として感じている個別の商品の人気度合いのトレンドを加味して仕入れ個数を決めることにしました。統計モデルによる予測値は不要です」とのことでした。そして実際、販売実績と勘を組み合わせたこの方法のほうが、モデルの予測値をそのまま採用するよりも過剰在庫や品不足を減らせていことが、のちのシミュレーションでわかりました。

この失敗は、必要のない需要予測モデルの構築に時間と費用をかけてしまったというものです。原因は、仕入れ担当者が本当に必要としていたものは実績値のグラフで、モデルによる予測値ではなかったということを、分析を依頼した人も、分析を行った人も把握していなかったというところにあります。

データ分析の本質は、データから事実を見つけ、それを基にした「アクションを行う」ことにあります。「データから事実を見つける」ときに、統計モデルを使うべきか、「勘と経験」で乗り切るべきかは、データを活用する現場の事情で変わってきます。

仕入れ担当者が頻繁に入れ替わるために経験の蓄積が難しい現場では、統計モデルが必要だったかもしれませんが、今回の例では、仕入れ担当者たちの「勘と経験」のほうが有用だったようです。

克服法

統計学や機械学習を専門として学んできたデータ分析者は、どうしても高度な分析手法を求められていると思い込みがちです。このような思い込みは捨ててしまいましょう。データ分析の実際では統計学や機械学習の専門的な知識は必要でないことも多いのです。

データを集めて整備し、適切な軸で集計してグラフ化する。それだけで目的が達成できることもあるということは心に留めておきましょう。データを活用する人にとっては、複雑な統計モデルを用いて得られた予測値よりも、単なる集計結果のほうが解釈しやすい分、役に立つことも多いのです。また、分析から何が求められているのかを明確にするために、アウトプットを「利用者に」適宜見てもらうことをお勧めします。

分析者はいきなりモデルの構築に入るのではなく、利用者や依頼者にいくつかの実績値データをはじめに見せてみましょう。それは利用者が初めて見るグラフかもしれませんし、普段から見慣れているグラフかもしれません。初めて見たグラフであれば、それは利用者にとって非常に有益な情報が含まれている可能性がありますし、仮に見慣れているグラフだったとしても、データの整備が正しく行われた、ということを確認してもらえるため無駄にはなりません。
データ分析では、ときには高度な分析を行う必要はなく、「見てわかるのならそれでもいい」のです。

教訓

集計してグラフ化するだけでもよいことがある

失敗事例 14
データの現場が想像できず、データに対する理解が進まない

症状

データ分析を効率よく進める一つの観点として、データの現場を把握しておくことが挙げられます。データの現場というと非常にあいまいですが、ここではデータが発生している物理的な場所や環境と解釈してください。業務のデータであれば、人や機器からその値がどのように入力されたもので、どのような業務で更新されるかということです。センサデータであれば、どのようなセンサがどこに置かれていて、どのようなタイミングで変動するのか、ということです。

データの現場の把握は非常に難しいことです。現場というものは専門的な領域であり、その現場特有の慣習があったり、地理的にも遠く離れていたりすることがあるためです。

簡単な事例を挙げます。工場の生産現場のアームに取り付けられたセンサから得られたデータを用いた分析を行うプロジェクトがありました。このケースでは、生産現場で実際にセンサを取り付けた人、データベースにたまったセンサデータを管理している人、分析する人がそれぞれ別の人でした。

このような状況でデータに関する疑問が生じた場合、どのようにすればよいでしょうか。分析担当者であった筆者は生産現場に関する知識がありませんでしたし、依頼者自身も、データ項目の意味はわかるものの、生産現場そのものを確認したことがありませんでした。そのため、分析担当者も依頼者も生産現場が想像できず、想定外のデータに対する理解が進まなくなってしまいました。実際、データには外れ値があることはもちろん、日によって生じている値の断層のようなズレや、明らかに想定外の型の値が入ってきていることなど、さまざまな不可解な問題があるために、プロジェクトは一時ストップしてしまったのです。

結局このケースでは、データ管理者が、現場である隣の県の工場に行ってセンサデータの発生源を直接見て、センサを設置した担当者に確認を取ることで、多くのことが判明しました。たとえば、日によって断層のように生じていたデータはアームのメンテナンスの

データの現場が遠い例

影響であり、それによって位置センサがずれていたのでした。

克服法

データが発生する状況はさまざまです。ときには、データの現場に赴き、データがどのように発生し、利用されているのかをつぶさに観察することでしか、適切な把握はできません。今回の事例では、データ管理者は一般的な工場の生産現場には詳しく、データの項目を見ればだいたいの意味は理解できると想定していたそうなのですが、やはり現場に行ってみないと何が起きているのかわかりませんでした。データの現場を把握することで、プロジェ

データの取得状況がおかしい例

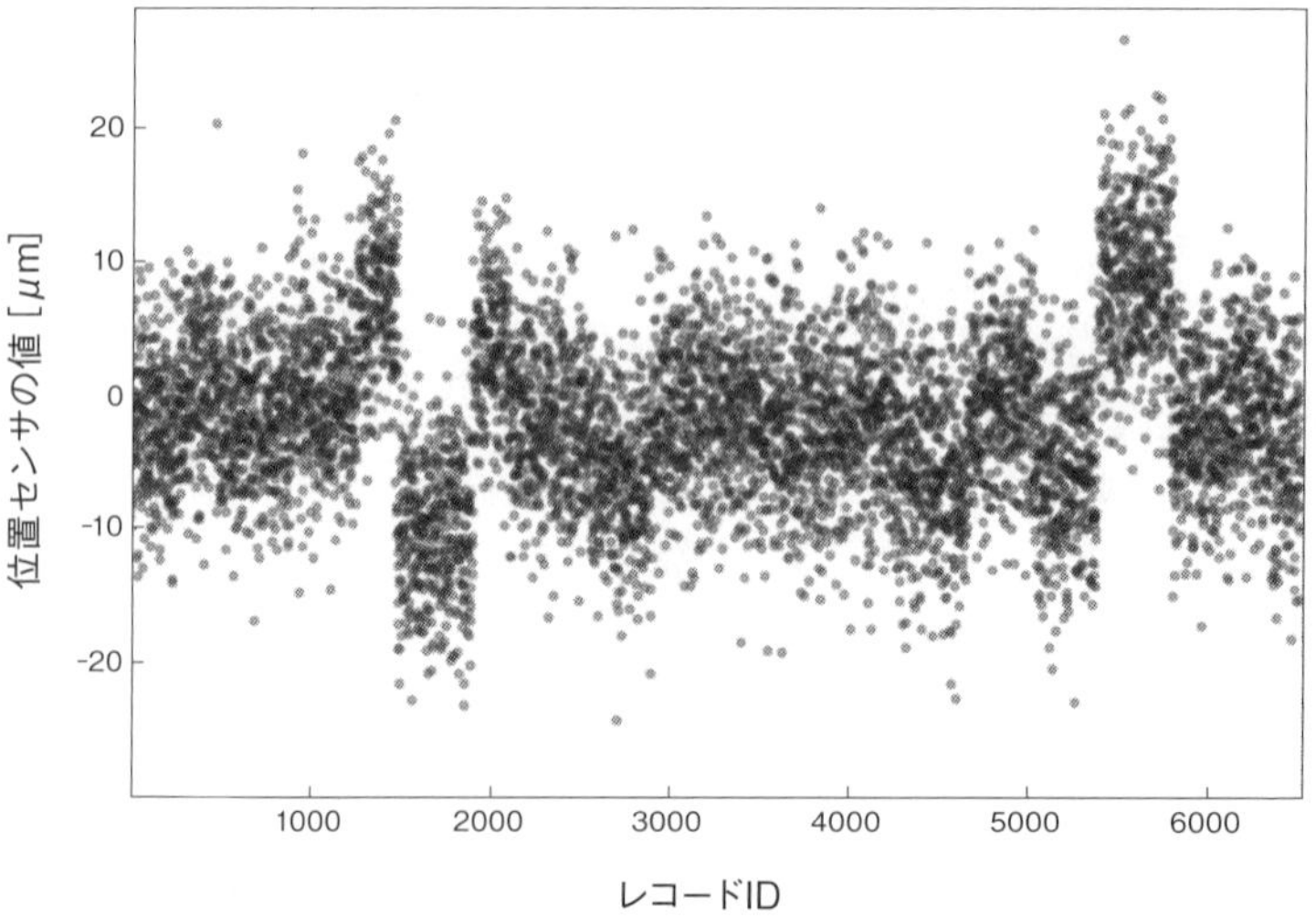

クトはスムーズに始められます。場合によっては難しいこともあるとは思いますが、分析プロジェクトのメンバーはできるだけデータの現場を把握しましょう。

教訓

データの現場を把握せよ

失敗事例 15
分析の計算処理に長い時間がかかってしまう

症状

分析のスケジュールを立てる際に、気をつけるべきポイントの一つとして、分析にかかる処理時間があります。

単純な分析であれば、1～2分あるいは数秒で処理が完了することも多く、あまり処理時間に気を配る必要はありません。しかしデータ量の大きさやモデル、アルゴリズムの複雑さによっては、数時間、数日、数週間といった単位で処理を行う必要が生じます。この長時間にわたる分析は、分析者にとって不安な時間です。差し迫っている締め切りに間に合うだろうか、何かのミスによって現在実行中の分析が無意味に終わってしまったらどうしよう、やり直す時間がなかったらどうしよう、などといった不安です。

筆者自身の経験では、以下のようなことがありました。

ある分析プロジェクトで、階層ベイズモデルの構築を行いました。このモデルのパラメータ推定には、マルコフ連鎖モンテカルロ法（MCMC）という手法が使われるのですが、非常に時間がかかるものです。考え方はシンプルで実装もそれほど大変ではなかったのですが、変数が非常に多かったため、計算時間が24時間程度かかる長い分析となってしまいました。

幸い、週末をはさんでいたこともあって、多少時間には余裕があったのと、スクリプトの実装やデータにはこれといった間違いはなく、計算結果もおかしなところはなかったのでやり直す必要などはなかったのですが、計算がうまくいっているのか不安になってしまい、夜なかなか眠れなかったことを覚えています。

克服法

このような長時間に及ぶ処理が必要な分析に対して、分析者はどのように対処すればいいでしょうか。

大前提として、処理時間がものすごくかかる複雑なモデルを構築する前に、シンプルなモデルに変更できないかを考えるべきです。シンプルなモデルに変更できさえすれば、このようなことに思い悩む必要はありません。

しかし、複雑で品質の高いモデルを構築する必要があるとき、力技で行わなければならない場面がやはり生じます。そのような場合に備えて、自分が構築しようとしているモデルのおおよその処理時間を事前に把握しておきましょう。具体的には、いくつかのベンチマークとなるようなサンプルプログラムを実際に実行してみて、「このぐらいのモデルであれば、この程度の時間で終わる」といった経験を積んでおくということです。

このような経験をもとに、計算にかかる時間とそのやり直しに発生するであろう時間などを加味して、余裕を持ったスケジュール案を作りましょう。

そのうえで、もし納期に間に合わないようであれば締め切りを伸ばせないか、伸ばせないなら単純なモデルになるが問題ないか、そもそもこの分析の対象範囲（スコープ）を減らせないか、といった交渉を行いましょう。また、クラウドサービスなどの外部の計算資源の利用が可能かどうかも確認しておきましょう。場合によっては、多少の金額はかかるものの、大幅な処理時間の短縮につながることもあります。

分析のスコープや品質、スケジュール、予算といった要素はトレードオフになることが多いです。どの要素を重視しているのかを依頼者に確認したうえで、現実可能なプラン作り

重大なトレードオフ

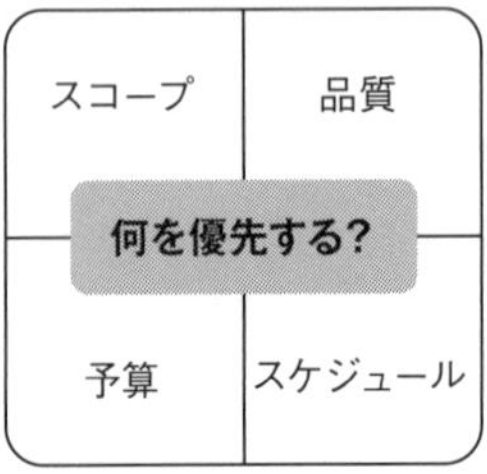

に協力するのも、分析者の大切な仕事です。

ところで、長時間の計算を行っている間は、時間が空きます。そのような場合は、ぼーっとしているのではなく、何か別のことをやるべきです。筆者がお勧めするのは、その分析に関する報告書をまとめるというものです。報告書を作成していると、必然的に分析内容を振り返る機会が生じます。そのようなときに、実はとんでもない思い違いや前処理のミスが見つかったりします。いくつもの計算機を立ち上げて行っている計算が全部無駄だったと判明する、ということは少なくありません。そんなときは残念ですが、いま回している計算をいったん止めて、ミスがないかを再点検したうえで計算を再開するべきです。

教訓

自分が構築しようとしているモデルのおおよその処理時間を把握し、スケジュールを立てよ

失敗事例16 追加データの必要性を説明できない

症状

データ分析者は、分析を行うにあたり、あんなデータがほしい、こんなデータがほしい、といろいろ考えるものです。多種多様なデータを組み合わせて目的の結果を得るのは、データ分析の醍醐味でもあります。

しかし、ほしいと思ったデータがすべて手に入るわけではありません。サンプリング粒度の粗いデータしか利用できなかったり、信頼性に欠けるデータしか手に入らなかったり、といった問題があります。そのような場合、一からデータを集める、信頼のおける企業から購入するなどの解決策がありますが、いずれの場合もお金がかかることを認識しておく必要があります。

筆者の体験では、次のようなことがありました。依頼者に提案する際に、次ページの図のようなデータツリーを構築し、「店舗周辺の人口動態がわかるデータがあればよい」と考えました。

偶然、このようなデータを販売している企業を知っていたため、「○○社のデータを購入すると、もっと詳細な分析ができるかもしれない」と提案してみました。しかし、依頼者からはそれを買うだけの価値があるのかと聞かれ、答えに詰まってしまいました。

追加のデータをそろえるのはお金がかかります。購入するにせよ、自前でそろえるにせよ、データ分析にとっては、追加のデータとはコストなのです。それだけに、分析担当者は、追加のデータが加わることによってどれだけ分析の精度が良くなり、どれだけの利益をもたらすのかを説明できる必要があります。

克服法

データを追加することによってどれだけ利益が生まれるのかというのは、かなり難しい問題です。データを追加したからといって、必ずしも分析の精度が高まるわけではなく、やってみるまでわからないというのが正直なところだからです。手元にないデータに無理

ある店舗のデータツリー

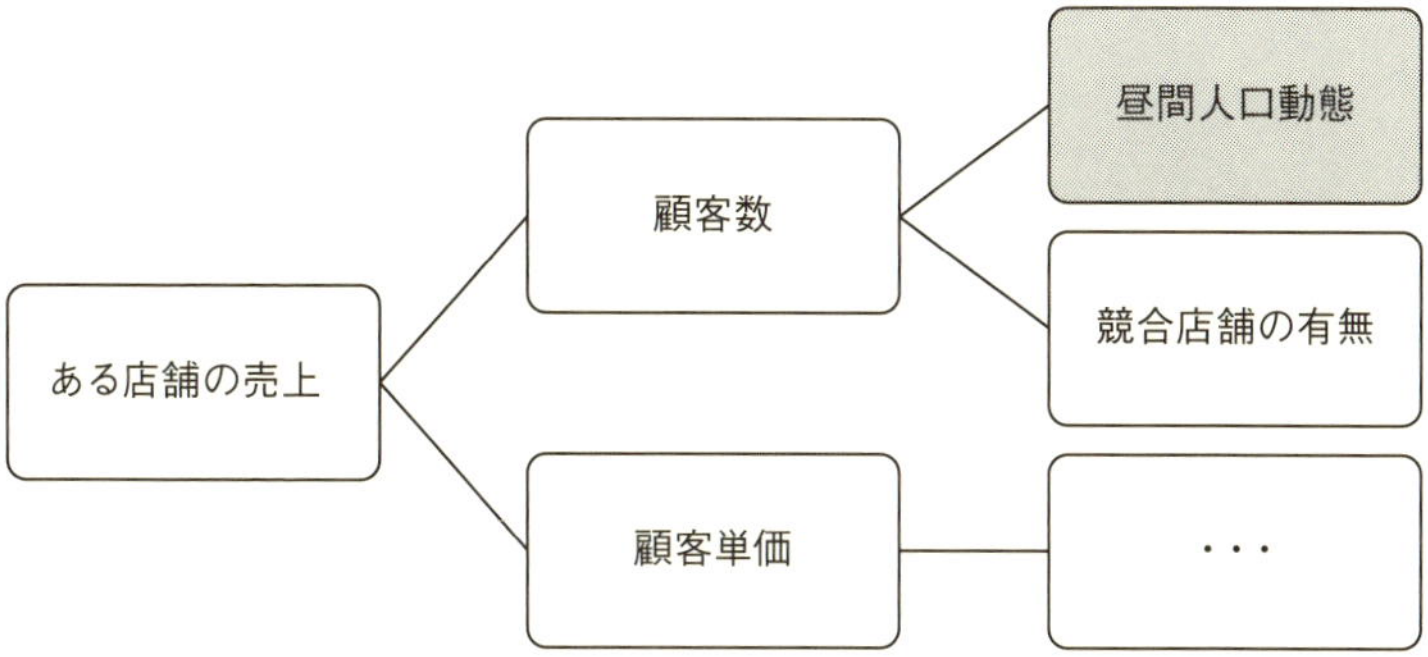

にコストをかけて理想的なモデルを構築することにこだわらず、いま手元にあるデータでほどほどのモデルを作りつつ、追加データの可否を探るのが現実的でしょう。

データを追加するときにはＲＯＩ（追加データへの投資に対する分析精度の向上によって生じる利益）を考えておきましょう。「追加データによって分析精度Ｘ％を達成できれば、投資するだけの価値がある」といったような定量的な基準をざっくりとでも算出しておくと、依頼者を説得しやすくなります。

データを集めるのにもコストがかかります。かけたコストに対して、分析がどれだけ有益になるのか、データのＲＯＩを算出できるようにしておきましょう。

教訓　**データのＲＯＩを意識せよ**

失敗事例 17

Excelファイルの読み込みに失敗する

症状

分析ツールにExcel形式のデータを読み込む。よくある光景です。そして、誰もがその「データの読み込み」で一度や二度失敗します。

なぜ失敗するのでしょうか。Excelファイルに、ちょっとした「危険」が潜んでいるからです。「人の手が加わったExcelファイル」ほど多くの危険が潜んでいます。Excelファイルの中を覗いてみれば一目瞭然。非常にごちゃごちゃして汚い。たとえば、同じシートの中に売上データとそれを集計した表が混在している。グラフまで同じシートにある。さらに、Excelのセルの中に計算式がそのまま残っている。ところどころセル結合までされている。そのまま分析ツールで読み込むとどうなるでしょうか。想像通り、うまくデータを読み込めません。このような汚いExcelファイルはうんざりするものです。

このような失敗を避けるために、よくやる手順があります。まず、もらったExcelファイルを

「ざっと」眺め、そのまま分析ツールで読み込んでも問題ないかを判断する。もし問題ないと判断したら、そのままデータを読み込む。もし問題があると判断したら、「ざっと」眺めたとき気づいた修正ポイントを中心に、Ｅｘｃｅｌファイルを修正してからデータを読み込む。

　この手順で十分でしょうか。不十分です。ざっと眺めるだけでは、失敗を避けることはできません。ざっと眺めたぐらいではわからないものがあるからです。たとえば、次のようなケースです。

- あるシートの表だけ2行目以降から始まる
- 表の下に注意書きが記載されている
- 半角と全角の数字が混じっている

分析ツールにとって嬉しくないExcelデータ例

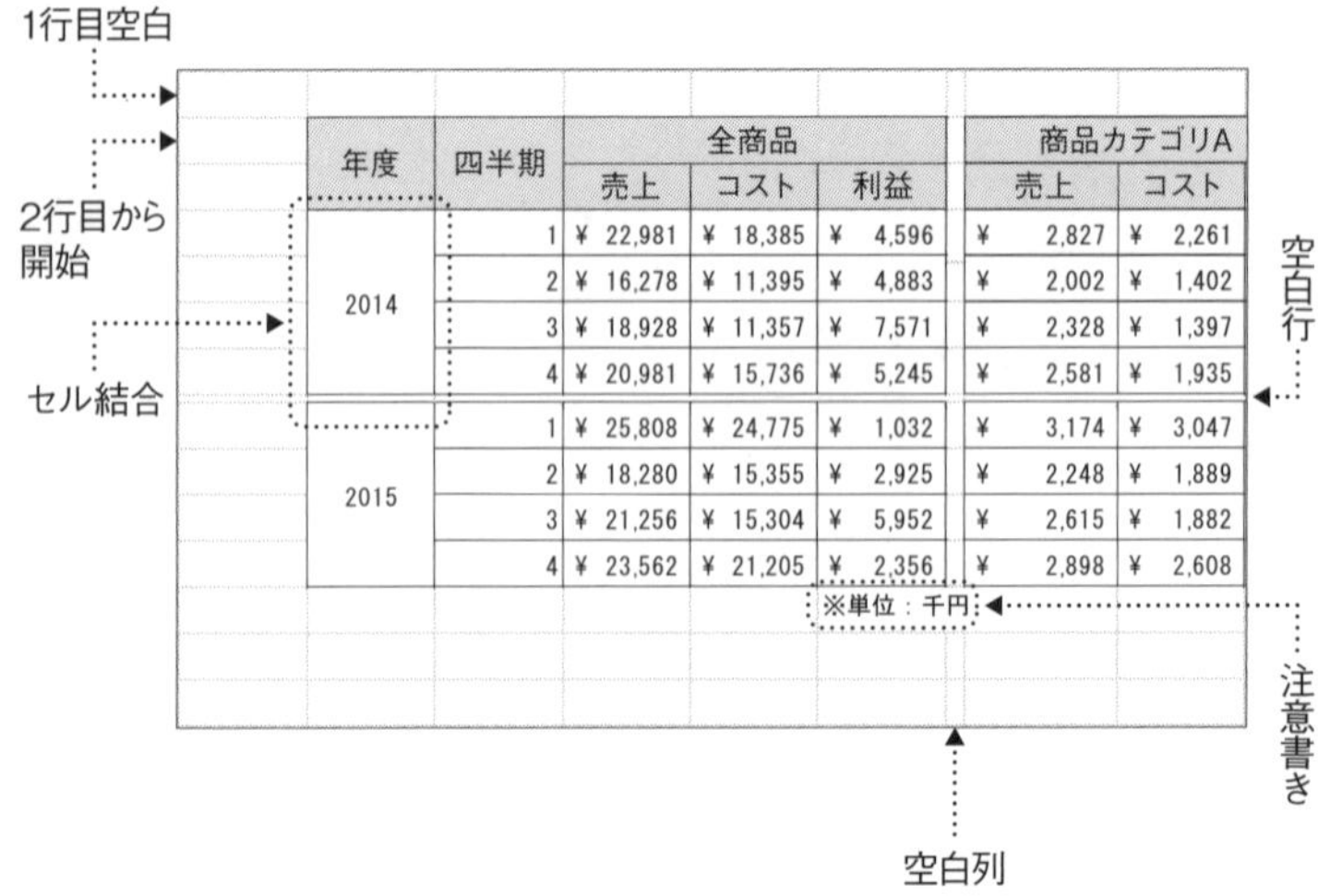

年度	四半期	全商品				商品カテゴリA	
		売上	コスト	利益		売上	コスト
2014	1	¥ 22,981	¥ 18,385	¥ 4,596		¥ 2,827	¥ 2,261
	2	¥ 16,278	¥ 11,395	¥ 4,883		¥ 2,002	¥ 1,402
	3	¥ 18,928	¥ 11,357	¥ 7,571		¥ 2,328	¥ 1,397
	4	¥ 20,981	¥ 15,736	¥ 5,245		¥ 2,581	¥ 1,935
2015	1	¥ 25,808	¥ 24,775	¥ 1,032		¥ 3,174	¥ 3,047
	2	¥ 18,280	¥ 15,355	¥ 2,925		¥ 2,248	¥ 1,889
	3	¥ 21,256	¥ 15,304	¥ 5,952		¥ 2,615	¥ 1,882
	4	¥ 23,562	¥ 21,205	¥ 2,356		¥ 2,898	¥ 2,608
				※単位：千円			

- セル結合されている
- 途中に空白の行がある
- 途中に空白の列がある

一番怖いのは、気づかずにデータ分析を進めてしまうこと。大量のシートの中の、あるシートのデータだけない状態で分析してしまう。ある程度分析が進んでから気づくと、分析を一からやり直す必要があります。大きな時間ロスです。

分析する側の感情としては「ちゃんとＥｘｃｅｌファイルを作ってくれよ！」と怒りを感じることもあります。正直、すべてのシートを確認するのは手間で面倒です。うんざりします。モチベーションもわきません。

しかし、ビジネスパーソンは、データ分析ツールが読み込みやすいようにＥｘｃｅｌファイルを作ってくれません。自分の仕事がしやすくなるようにＥｘｃｅｌファイルを作ります。同じシートに複数の表やグラフがあるのも、セル結合するのも、表に注意書きを書くのも、そのほうが仕事をしやすいからです。このような人の手が加わったＥｘｃｅｌファイルには、そのビジネスパーソンの「データ活用の仕方」が詰まっています。

克服法

では、どうすればよいのか。

「ざっと」眺めるのではなく、人の手が加わったＥｘｃｅｌファイルは「宝探し」をするかのように1シートずつ確認するのが最善です。非常に手間がかかりますが、とても有意義なことです。そして丁寧に見ていくと、何をしているのかがわからないシートも出てきます。このようなときには、Ｅｘｃｅｌファイルを作った人や関係者にヒアリングを実施し確認していきます。

そうすることで、Ｅｘｃｅｌ形

人の手の加わったExcelファイルは宝探し！

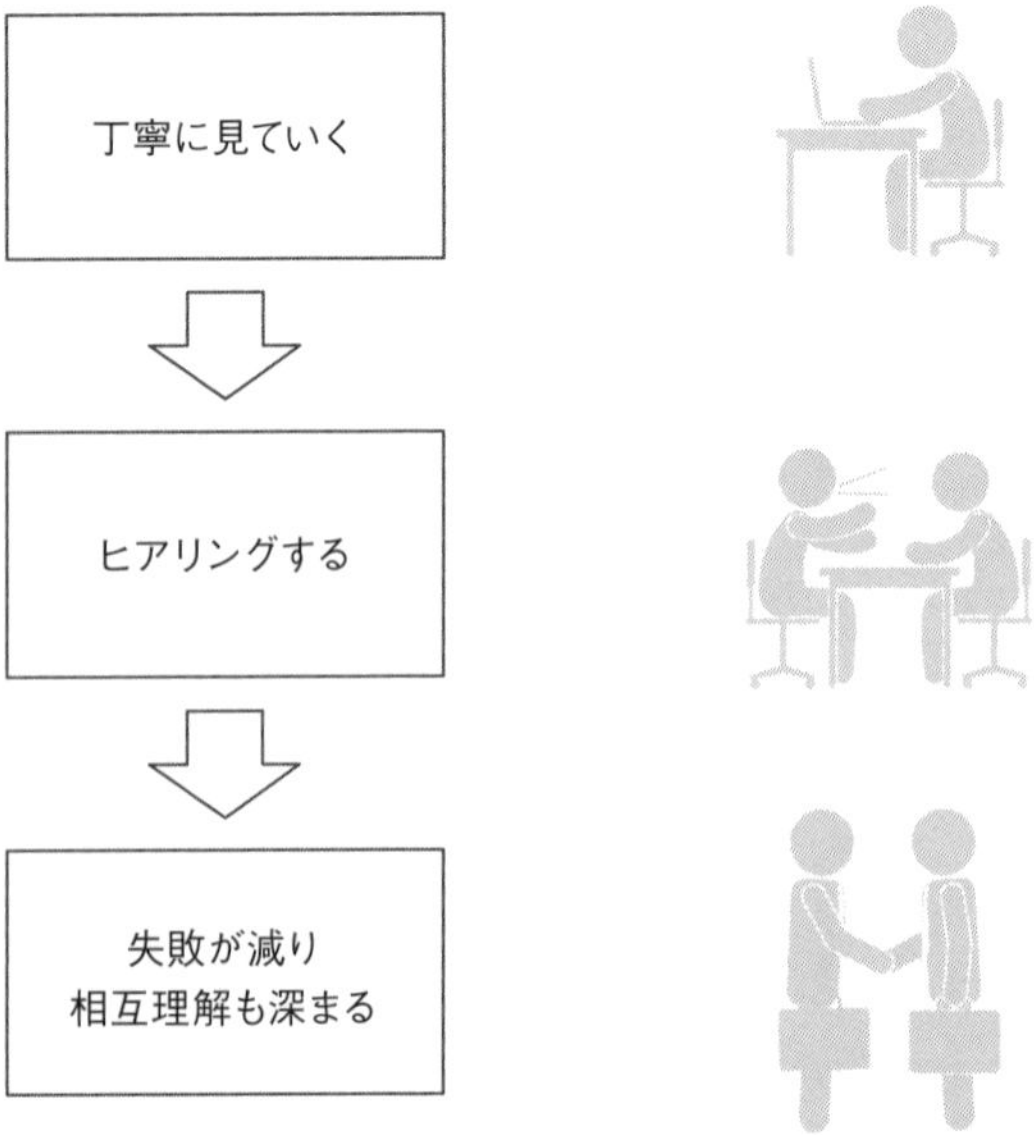

式のデータの読み込みで失敗することは避けられます。さらに、普段どのようにＥｘｃｅｌファイルを作成してもらえれば分析に使いやすいのかが現場の人に理解され、場合によっては協力してもらえます。そして何よりも、相互理解が深まりその後のデータ分析活用が円滑になります。

ビジネスパーソンがやりたい分析は、彼ら・彼女らが作ったＥｘｃｅｌファイルの中に詰まっています。データ分析をビジネスに活かしたいと思うなら、人の手が加わったＥｘｃｅｌファイルを注意深く見ていくことが重要になってきます。言葉で言い表せない何かが眠っていることも多いのです。

人の手が加わった汚いＥｘｃｅｌファイルほど、データ分析をビジネスで活かすための宝が眠っているのです。

教訓

汚いＥｘｃｅｌファイルは宝だ！　丁寧に扱え！

失敗事例 18 多様な種類のデータ項目の意味が理解できない

症状

データ分析を行うにあたり、まず分析担当者が苦労するのが、データの理解です。データの中には一朝一夕の努力では理解しきれないものもあります。たとえば、ウェアラブル端末から得られる医療系のデータを分析しなくてはならないような場合、多少の医療系の知識が必要になります。分析に必要になる専門的な知識が分析担当者に備わっていないということは、実は多いのです。特に、近年のＩｏＴのムーブメントによって、さまざまな種類のセンサデータが分析対象となると、そのセンサがどういう状況に置かれているのか、センサの値が何を意味しているのか、見当もつかないことが生じえます。

データへの理解不足から生じる問題の一つに、分析者がデータの不備に気づけない、という問題があります。データの不備は、分析者自身のデータ整備作業の誤りである可能性もありますし、そもそも元のデータの誤りである可能性もあります。いずれにせよ、データに不備がある、ということを分析者自身でチェックするのは限界があります。データ項目の意味を理解していないと、整備したデータの妥当性も判断できないからです。

分析者は、多様な種類のデータを適切に理解するよう努力すべきです。一方で、データ項目の量や時間的な問題、そしてデータ自体が持つ専門性によって、理解には限界があるということを自覚するべきですし、依頼者にもそのことを伝えるべきです。

克服法

何度見てもデータ項目の意味がわからないという際に、データ分析者ができることは何でしょうか。それは、データに詳しい依頼者と一緒にデータを見るということに尽きます。特に、以下の点の確認は徹底しましょう。

①データをグラフ化する
②グラフから読み取れる定性的な性質を確認する
③グラフの単位を確認する

データには定性的な側面と定量的な側面があります。グラフを描くことで、定性的な側面の多くはカバーできます。たとえば、時系列プロットを表示することで、周期性を確認することができますし、ヒストグラムを表示することで、値が均等にばらついているのか、偏っているのかが判明します。

しかし、意外に盲点になりがちなのが、定量的な側面です。グラフを描くことで、定量的な側面を確認できると考えがちですが、実際にはそうでもありません。データへの理解が及んでいない分析者にとっては、各データ項目の値は単なる数値としてしか認識されないため、単位を含めた定量的な妥当性の判断ができていないことが多いのです。そのため、グラフを依頼者に見てもらうときには、数値だけでなく単位が合っているかを確認してもらいましょう。

この流れを徹底することで、細かいデータ項目の意味を理解できなかったとしても、最低限のミスを防ぐことができます。「単位まで確認する」ことを忘れずに行いましょう。

グラフの確認ステップ

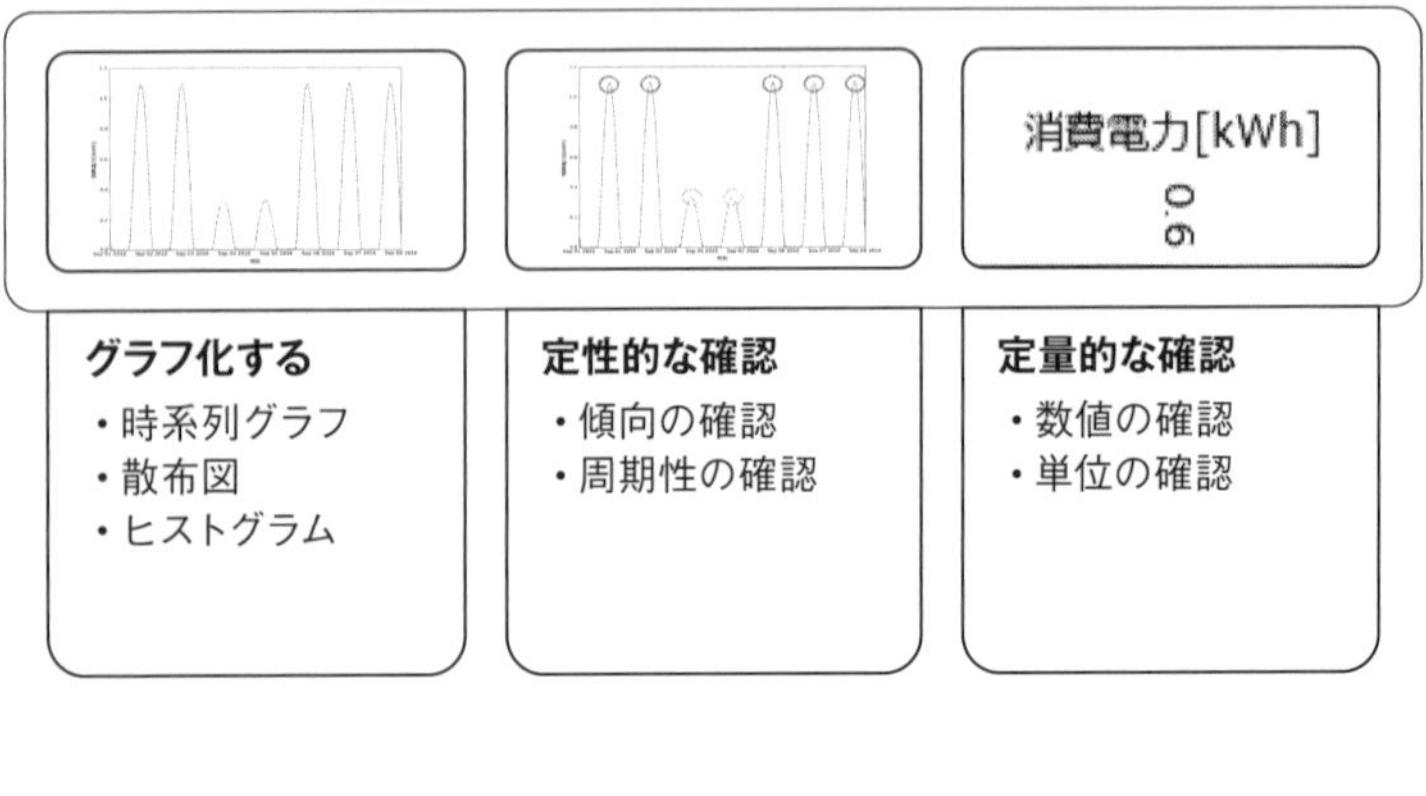

教訓

データをグラフ化し、データの単位を確認せよ

失敗事例19 いくら分析しても報告できる結論にたどりつかない

症状

分析の内容が決まれば実際に分析作業を実施します。流れは、①データを用意する、②分析処理をする、③分析結果を解釈し、そして④次にやることを決める、です。

最初に立てた分析の計画があっても、途中で出た結果次第では次のアクションが変わってきます。したがって、②分析処理→③結果を解釈→④次にやることを決める、という一連の流れは何度か繰り返すことになります。

ここで、この流れを若手分析者が一人でやっているとどうなるでしょうか。細かなことがどんどん気になってきて、必要でない分析に時間を費やしてしまいます。手をたくさん動かしているのに、分析の依頼者に報告できるだけの結論をまとめられなかったりします。

これは筆者が少し前に陥っていた事態です。分析しているとありとあらゆる細かい点が気になって追加でいろいろな分析をやってみます。しかし長時間労働からの睡眠不足で疲れきってしまうだけで、なかなか結論にたどりつきません。そして予定していた時間を大幅にオーバーしてしまい、いよいよ締め切りに間に合いそうにないという事態になってしまいます。結局見かねた先輩が手伝ってくれることになりました。そのときの私は疲労困憊で、先輩が手伝ってくれているのをぼーっと眺めているという状況でした。

克服法

こういった事態は、分析の全体を見渡す人と作業をする人を分けることで回避できます。目の前の分析に集中していると、全体を見渡すのが少し難しくなります。それを回避するために、分析の流れを管理する人と実際の作業をする人は分けることをお

分析作業の一連の流れ

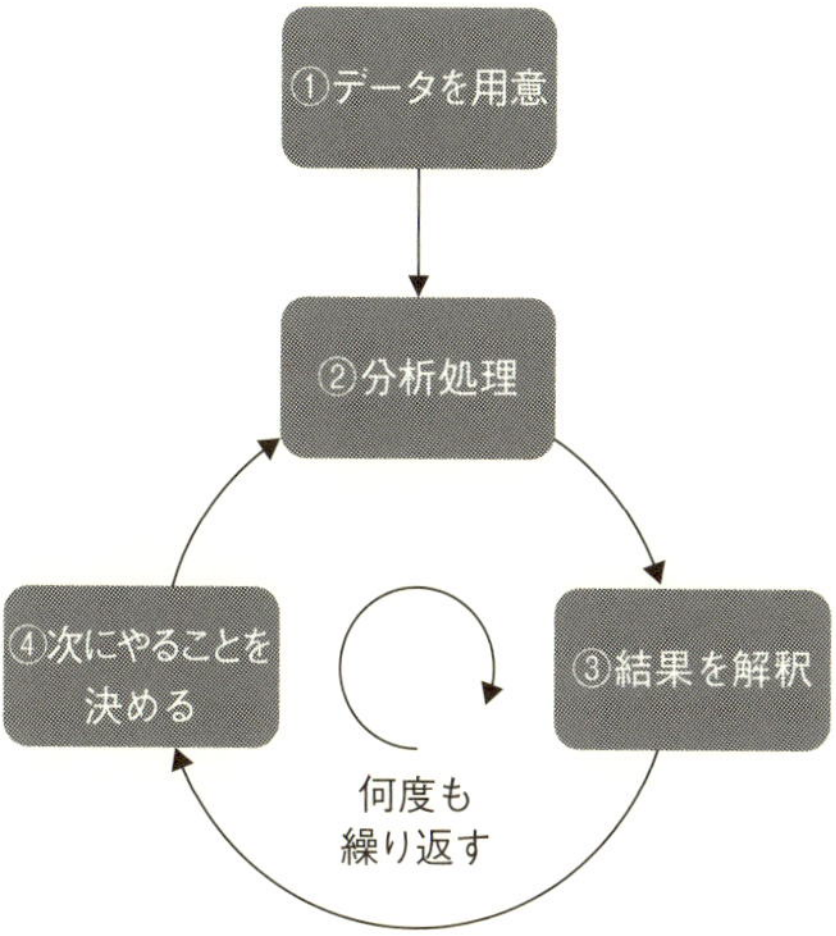

勧めします。そうすると、分析の内容が本来の目的から逸れてしまうことがなくなります。不必要な作業をやってしまうこともなくなります。

特に、前ページの図のうち③結果を解釈と④次にやることを決めるところは、他の人に入ってもらいましょう。複数人で話し合いながら進めると、なおいいでしょう。

もし分析者が自分一人しかいないときは、図のそれぞれの段階ごとに1時間以上時間を空けるのが効果的です。まったく関係のない業務をする、おしゃべりをする、可能なら仮眠をとってみる、お茶の時間にする、といったことで頭を切り替えましょう。

手を動かす人と管理する人は分けるべきです。

教訓

手を動かす人と管理する人は分けよ

失敗事例 20

統計モデルは、科学的で客観的なモノだと思われてしまう

症状

統計モデル、というと科学的で客観的なモノだ、というふうに思われがちですが、案外そうではありません。というのも、統計モデルというものは、現実の一面を簡略化してとらえたもので、必ず抽象化の作業が必要になり、その過程で何らかの情報を取捨選択しているからです。

また、現実をデータという操作可能な形で抽出した後も、さまざまな「主観」を分析者は加えていくことになります。たとえば、一番わかりやすいのは、変数変換です。対数変換や交絡項の設置、正規化、量子化などの変数変換は、できるだけ多くのパターンを試すことが望ましいのですが、実際には、時間や計算資源の制約から限られたパターンしか試すことができません。

また、機械学習のアルゴリズムでは、特定のハイパーパラメータを使用すると学習に非常に時間がかかることがあります。たとえば、筆者は、サポートベクターマシンを用いるときに、多項式カーネルは時間がかかることが非常に多いので、よほどの理由がない限り使用しないようにしています。

このように、モデルの構築では、さまざまな選択肢の中から、最も適切と思われるものを主観的に選択するという機会が多く生じます。そのため、作られたモデルは、必ずしも客観的なものにはならないことがあります。

ところで、統計モデルは客観的なモノである、という認識は、分析者よりも、むしろ依頼者のほうが持っているものです。

筆者は、分析結果の報告会では、どこでどういう選択を行ったのかを説明しながら進めることにしています。それは、分析の最中でどのような取捨選択を行ったのかを明示し、理解してもらうためです。しかし、さまざまな取捨選択の理由を何度も説明しているのにもかかわらず、「そもそもなぜ細かい変数変換やパラメータチューニングを行う必要があるのか」と、依頼者に疑念を持たれてしまったことがありました。なにかイカサマをして良い結果をねつ造しようとしているのではないかと勘違いされてしまったのです。

克服法

統計モデルの構築には、どのような情報を用いて、どのような情報を用いないか、という取捨選択の判断が必ず入ります。このような主観性は、分析者の判断にも依存しますし、データの取得状況や時間的な制約によっても生じます。

統計モデルは客観的に「作られる」のではありません。統計モデルは、評価指標を通じて、客観的に「評価される」だけなのです。この点を混同していると、統計モデルを構築するときに、自分がやっていることは本当に正しいのか、という疑問ばかりが浮かんで、手が止まってしまいます。場合によっては、とりあえずで選択した主観的な要素が大間違いであることもありますが、そのときは、次の分析サイクルで挽回すればいいのです。

重要なのは、自分が何か主観的な要素を加えてさまざまな選択をしながら分析を進めている、と自覚することなのです。

教訓

統計モデルの構築には、主観的な要素が必ず入ると心得よ

失敗事例 21
現実の要因を多く反映した複雑なモデルを作ろうとしてしまう

症状

分析者はさまざまな分析手法を学んでいくことで、より高度な統計モデルを作れるようになります。そうすると、現実の要因をできるだけ多く反映した複雑な統計モデルを作ろうとしてしまいがちです。

しかし、複雑なモデルというのは、入力データの整備や計算に時間がかかります。また、そういったことに時間をとられていると、入力データの整備は本当に正しくできているのか、といった基本的なことに対する確認がおろそかになりがちです。そうなると、どんなに高度なモデリングを行っていたとしても、実際には使えないモデルになってしまいます。

具体例を挙げます。チラシを近隣住民に配布して来店を促すような、小売業のマーケティング業務を想定してみましょう。マーケティングの担当者は、できるだけ少ないチラシ部数でより多く来店者数を増やしたいと考えます。マーケティングの担当者は、以下のような要因が来店者数に影響を与えるだろうと考えています。

- チラシの全配布部数
- 地域ごとの配布部数
- 店舗周辺の住民の可処分所得
- 店舗周辺の住宅種別（アパート、マンション、一戸建て）
- チラシへの掲載商品
- チラシ内での商品の写真の大きさや位置
- 消費者が興味のある商品の掲載可否
- 天気

これらの要素は、来店者数を説明できる重要な要素であり、うまく統計モデルに反映させることができれば、説得力があるモデルとなるでしょうし、こういった複雑な情報を統計モデルに反映させることは、分析者の腕の見せどころでもあります。

モデルにどんな要素を入れるか悩む

このような状況に近い実体験として、筆者は30変数からなる階層ベイズモデルを構築した経験があります。マルコフ連鎖モンテカルロ法（MCMC）を使ってパラメータの推定をしたのですが、丸2日経っても計算が終わらず、計算がちゃんと終わるのかと、不安で冷や汗が出たものです。

また、その計算を行っている間、ちょっとしたデータ整備のミスを見つけてしまい、かといって計算をやり直すわけにもいかず、悩んだことがありました。幸い、そのミスの影響は軽微だったため、素直に依頼者への報告時に伝えたところ理解してもらえましたので助かりましたが、大きな影響を与えるミスだったらと思うと、背筋が寒くなりました。

克服法

仕事には常に締め切りが付きまといます。複雑な現実を忠実に反映した複雑な統計モデルを作っても、ビジネスの現場で間に合わなければまったくの無意味です。

まずは、多少精度が悪かったとしても、「だいたい合っているモデル」を作ることが重要です。「だいたい合っているモデル」を作り、一度依頼者に報告しましょう。その過程で、データの整備に関する不備が見つかるかもしれませんし、依頼者の期待値もようやく明らかになるかもしれません。また、場合によっては、「だいたいのモデル」で十分目的は達成できた、ということになるかもしれません。

データ分析プロジェクトのタスクは統計モデル構築だけではありません。最初にシンプルなモデルを作ることで、データ分析の準備から分析、報告までの一通りの流れを素早く実現できます。これにより、データの整備に不備はないか、アウトプットのイメージは合っているか、といった分析プロジェクトを成功に導くために不可欠な要素を確認することができるのです。

ところで、あまりにもシンプルなモデルだと、依頼者に不安がられることがあります。この分析者は本当に自分たちのデータと業務を理解しているのだろうか、という不安です。これに対しては、データ分析の一通りの流れを実施することの重要性と、このままずっとそのモデルを使っていくわけではないということを説明し、今回のモデルが、さまざまな要素を「あえて」切り捨てたモデルであると強調しましょう。「だいたい合っているモデル」を作る過程で、分析者の頭の中には、さまざまなモデルのアイディアが浮かんでいるはずです。不安を感じている依頼者に対しては、それらのアイディアを披露するのもよいでしょう。

いきなり複雑なモデルを作らず、まずは「だいたい合っている」シンプルなモデルを作りましょう。それがデータ分析プロジェクトを成功に導くための、最初の一歩なのです。

教訓

最初に、「だいたい合っている」シンプルなモデルを作れ

失敗事例 22 不適切な説明変数を使ってしまう

症状

適切な説明変数（特徴量）を設計する際にモデルの精度以前の根本的な問題に遭遇することがあります。それは、一つ一つのデータ項目を説明変数として使用してもよいのか、というものです。この問題は、特に時間によって変化するデータで生じやすい問題です。

簡単な例として、ECサイトのアクセスログを用いた予測モデルの構築を考えてみましょう。サイトにログインしているユーザが、買い物をしてくれる確率を予測するようなモデルを構築するとします。このとき、日時や曜日、天気、どのような広告を踏んで訪問しているかといった情報以外にも、日次で更新されているユーザのマスタテーブルを結合して説明変数を作るものとします。ユーザの属性として、以下のような項目があるとします。

- ユーザが（その日を除き）サイトに何日前に訪問したか

- ユーザが今までそのサイトに訪問した回数
- ユーザが今までそのサイトで買い物をした合計金額

いわゆるRFMの基本的な情報ですが、こういった情報を用いれば、確かに、そのユーザが買い物をしそうか否か、少なくとも確率はわかりそうです。

問題となるのは、統計モデルを構築するときの教師データです。このとき、ユーザのマスタテーブルを基に教師データを作ってしまうと、大変な誤りを犯すことになります。なぜなら、ユーザのマスタテーブルに格納されている情報は日次で更新された最新のものであり、教師データの各レコードの時点でどうだったかという情報ではないからです。

この例では、データ分析者がユーザのマスタテーブルの仕組みに詳しく、テーブルを結合する作業を自分で行っているなら誤りに気づきやすいですが、依頼者がなんとなく結合してしまったデータを受け取り、そのデータ

説明変数に使えるか怪しい項目

本当に「年月日」のときの値？

UID	年月日	曜日	天気	広告ID	R[days]	F[回]	M[yen]
U00001	20161010	月	晴れ	AD001	2	6	30000
U00001	20161011	火	晴れ	AD002	2	6	30000
U00002	20161001	土	晴れ	AD003	3	2	50000
U00002	20161010	月	雨	AD002	3	2	50000

が正しいと思い込んで分析を始めてしまう場合にはなかなか気づきにくいものです。

このように、予測するタイミングでは一見問題なさそうに見えるデータソースを使う場合でも、モデル構築時には、気をつけて教師データを用意する必要があります。

克服法

このような不適切な説明変数を使ってしまう問題を避けるためには、依頼者からデータをもらうとき、どの項目が説明変数として利用できないかを確認するために、項目間の時間的な前後関係を明らかにしておきましょう。一つ一つの項目間の前後関係をすべて確認するのが大変という場合は、最低限、以下のような分類をしておきましょう。

①予測を行う時点とは独立して確定している情報
②予測を行う時点に判明しているが、今後変化することがある情報
③予測を行う時点では判明していない情報（目的変数を含む）

①の情報は説明変数として用いることができますが、③の情報はそもそも説明変数として用いることができません。

難しいのは、②の種類の情報です。この種類の情報に関しては、データをどのようなタイミングで取得するべきなのか明確にしておく必要がありますが、データの収集方法自体に手を入れる必要が生じることもあり、場合によっては、データ分析プロジェクト自体が中断されてしまいます。そのような場合は、分析担当者が、プロジェクトを中断してでもデータを集めるか、使える情報だけで分析を進めるかを提言しましょう。

いずれにせよ、使えると思った説明変数が実は使えないということは、予測モデルではしばしば生じます。肝に銘じておきましょう。

教訓　説明変数に使えない変数を把握せよ

失敗事例 23

必要な正規化処理をしないまま入力してしまう

症状

正規化という言葉をご存じでしょうか。正規化は規格化や基準化とも呼ばれ、データをある特定の規格に適合したデータに変換することを意味します。

データ分析における正規化は、データの前処理の一種です。特に変数の値の「位置」や「スケール」を調整する操作を指します。データを表としてまとめるときに、列方向に対する正規化、行方向に対する正規化があります。列方向に対する正規化の例として、平均が0、分散が1になるような変換があります。このような操作を、特に標準化と呼びます。他にも多くの正規化の手法があります。

これらの正規化は、分析の目的や分析手法、アルゴリズムが入力として想定しているデータの形式に応じて行うものです。逆に言えば、分析手法やアルゴリズムの規格をよく把握しないまま前処理を行うと、必要な正規化処理をしない状態で入力してしまったり、不要な正規化処理をしてしまった状態で入力したりするといった問題が発生します。

筆者自身の経験では、重回帰の一種であるＬａｓｓｏ回帰を行ったときに、このような問題が発生しました。使ったライブラリはＰｙｔｈｏｎのscikit-learn version 0.17.1です。重回帰分析では、推定された回帰係数をもとにして、対象の変数が重要か否かを判断することがあります。このときも、目的変数に対して、各説明変数がどれくらい影響しているのかを見るために、Ｌａｓｓｏ回帰を使いました。

　このような目的でＬａｓｓｏ回帰分析を使用する場合は、説明変数の正規化（標準化）が必須です。変数X_1とX_2が同程度の影響力を

正規化前のデータと正規化後のデータのヒストグラム

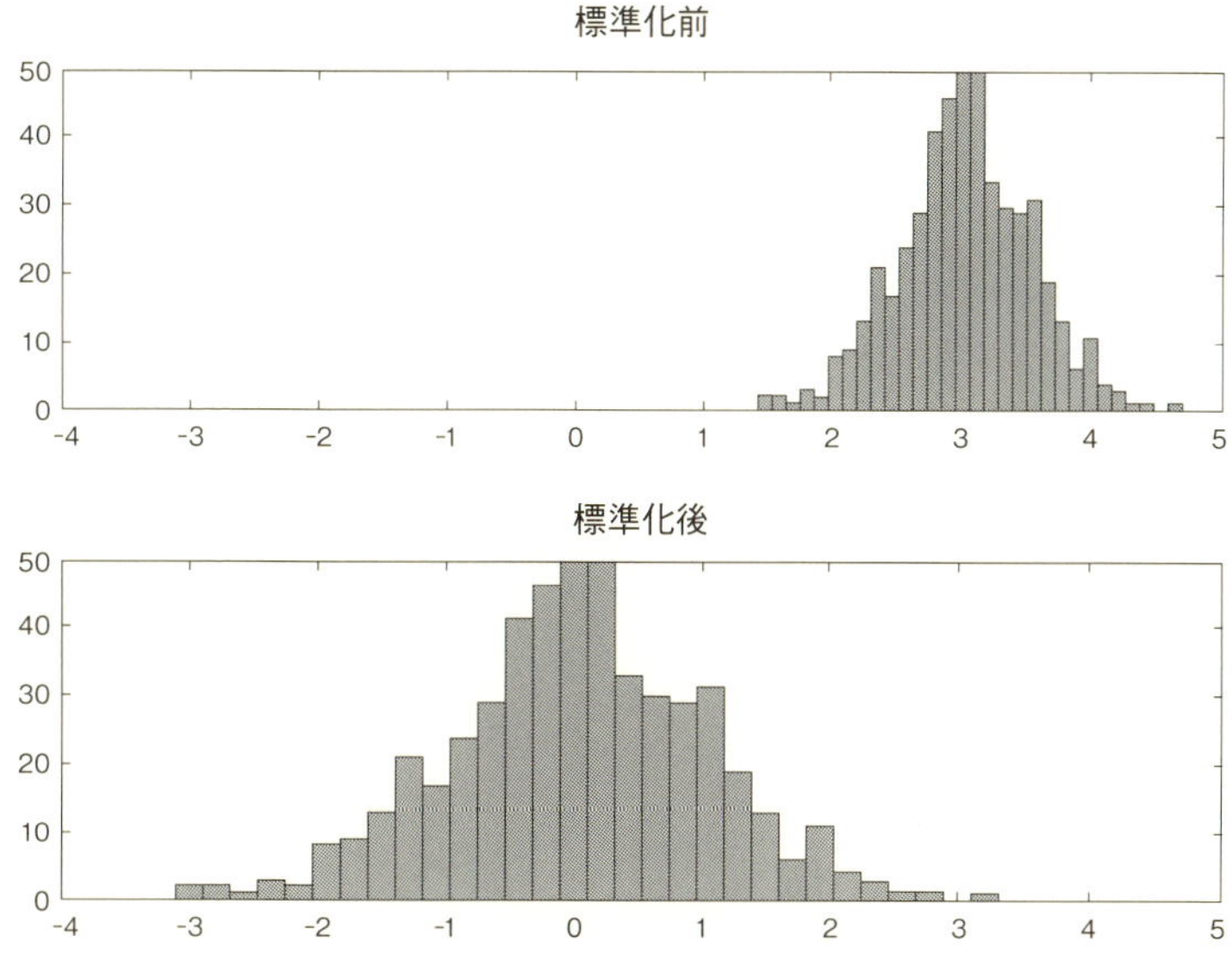

持っているときに、X_1のほうがX_2よりもスケールが大きいとき、X_1の回帰係数はX_2の回帰係数よりも小さく推定されてしまうため、各説明変数の重要度の比較ができなくなります。また、Lasso回帰は、回帰係数の大きさ自体にペナルティをかける分析手法ですので、大きめに推定されたX_1の回帰係数が、単純な重回帰分析よりも小さめに推定される結果となってしまうことも問題です。（ところで、このようなペナルティのことを正則化と言います。正規化と正則化は、字面が非常に似ているため誤用の温床となっています。）

克服法

入力データの前処理の一つに、正規化と呼ばれる操作があることは覚えておきましょう。正規化にはさまざまな種類がありますし、なかには正規化を行わないほうが良い結果が得られると経験的に知られている分析もあります。一概にこの正規化をしておけば大丈夫ということはありません。

データ分析ではさまざまなライブラリのさまざまなアルゴリズムを使いますが、それぞれのアルゴリズムの実装が期待している入力データの性質は異なっています。そのため、それぞれのドキュメントをよく読み、正規化が必要か不要か、正規化をアルゴリズムの処理内で実施するか否かを選択するオプションはあるか、といったことを確認する必要があります。もしもそれが難しいということであれば、正規化処理済みのデータと正規化をしていないデータを同じアルゴリズムに入力してみましょう。その結果、まったく異なる出力結果が得られたのであれば、正規化が何らかの重要な役割を果たしている可能性があります。正規化するか否か、どちらがより望ましい結果なのか、結果を見て判断するというのも一つの方法です。

最後に。正規化を行う際は、必ず外れ値を意識しましょう。外れ値が存在する場合には、平均値や分散が大きくずれてしまうこともあるので、望ましい正規化が行えない場合があります。そのような場合は、外れ値を取り除くか、中央値や四分位を利用した手法を用いるべきです。

正規化は、正しい分析結果を得るための重要な前処理です。自分がよく使う分析手法での要否と使い方をしっかりと抑えておきましょう。

教訓

正規化の要否を確認せよ

失敗事例 24 説明変数を増やしすぎて分析が不安定になる

症状

多重共線性と呼ばれる現象があります。一般には重回帰分析を行うときに注意すべき現象として知られています。これはいったい、どのような現象で、どのようにして回避するべきでしょうか。

多重共線性の例として、筆者が体験したことのある分析事例を挙げます。それは、あるＢｔｏＣメーカーの広告の効果測定の分析でした。広告が売上にどの程度影響を与えているのかを把握するために統計モデルを構築する必要があり、その最初の段階として、シンプルな重回帰モデルを構築しました。このモデルを構築することにより、どれだけ広告費を投下すれば、どれだけ売上に結びつくのかがわかり、たとえば、ＲＯＩの把握や、広告予算の計画に役立てることができます。

さて、このようなモデルの係数を推定するためには、たとえば以下のような条件が必要になります。

①個々の媒体の費用が時期によって変動している

②媒体ごとの費用が独立して変動している

①は、回帰分析を行うにあたっての大前提となります。広告費の増減がない場合は、この広告媒体の効果は定数項と区別がつかなくなってしまい、適切な係数の推定ができなくなってしまいます。

一方、②が成立していない場合は、複数の広告費の変動が連動してしまっているために、売上の変動がどの媒体の広告費がもたらしたものなのかが判別できません。このケースが多重共線性と呼ばれるものです。

ここでは極端な例を挙げて、多重共線性を直感的に理解することを最優先した説明を試みます（多重共線性について理論的に詳しく知りたい方は、線形回帰モデルに関する他の本をご参照ください）。問題を単純化するために、以下のような媒体Aと媒体Bのみで売上が決定するようなモデルを考えてみましょう。

$$Y_i = \beta_A X_{Ai} + \beta_B X_{Bi}$$

媒体Aと媒体Bの広告費用が常に等しいとき（$X_A = X_B = X_C$）、この問題は、左記のような単回帰問題に変換されます。$\beta_A + \beta_B = \beta_C$ とおくと次式のようになります。

$$Y_i = \beta_C X_{Ci}$$

ここで、$\beta_C = 1$と推定されたとします。各媒体に対する係数の値はどのように推定されるでしょうか。下表を見ればわかる通り、係数の推定値の組み合わせはいくらでも考えられます。要は、係数β_Aとβ_Bの和が1でありさえすれば、どんな係数の組み合わせをとったとしてもいいのです。このことは、係数の推定が非常に不安定になってしまうことを意味しています。

この例は極端な例ですが、複数の説明変数が連動して変動するケースは、ビジネスドメインによっては頻発します。たとえば、広告はある1つの商品の宣伝のために、一斉に複数の媒体で打たれることが多く、どうしても複数媒体の広告費用が連動しがちです。

克服法

多重共線性に対して、どのような対策をとるべきでしょうか。一般的には以下のような対処が行われます。

係数の推定値の組み合わせ

	β_A	β_B	$\beta_A+\beta_B$
ケース1	−100	101	1
ケース2	0	1	1
ケース3	0.5	0.5	1
ケース4	1	0	1
ケース5	101	−100	1

- 相関の高い変数を見つけたら、1つを残して他の変数を取り除く
- 主成分分析を行い、独立した成分で回帰分析を行う（主成分回帰分析とも呼ばれます）
- 正則化項を入れる

先ほどの例では、具体的には以下のような操作を行うことで実現できます。

- 媒体Aの費用のみを説明変数として使用する
- 「媒体AとBの費用」という新しい変数を設ける
- β_Aとβ_Bに正則化のペナルティを設ける

最後の正則化については、簡単な解説が必要かもしれません。正則化とは、係数の絶対値やその二乗を係数推定時のコストとして考えるというものです。代表的な手法として、L1正則化やL2正則化があり、次ページの表のように計算されます。これにより、係数の推定結果が極端な値をとらないような制約を加えることができます。

正則化項が入った回帰分析は、リッジ（Ridge）回帰やLasso回帰と呼ばれ、さまざまな実装がRやPythonなどの言語で公開されています。たとえば、Rでは代表的なパッケージとし

て、glmnetがあります。また、Ｐｙｔｈｏｎではstatsmodelsやscikit-learnといったパッケージで実装されています。

ところで、多重共線性の根本的な問題の解決のためには何が必要でしょうか。それはデータのとり方自体を変える、ということに尽きます。

先ほどの例では、媒体Ａと媒体Ｂが完全に連動するような広告の打ち方は行わない、という工夫が必要になります。たとえば、媒体Ａの効果を確認するために、媒体Ｂの広告を故意に一定期間実施しない、といった実験を行う必要があるのです。このことは、本来であれば媒体Ｂがもたらしていたはずの売上を諦めるということですから、当然売上の減少というリスクをもたらします。

データの取得には必ずコストがかかります。コストのうちには、このような実験による機会損失も含まれます。そのコストが必要か否かは、分析によって得られる恩恵との比較、ＲＯＩを考える必要があります。

L1正則化、L2正則化の計算

	β_A	β_B	$\beta_A+\beta_B$	L1 コスト	L2 コスト
ケース1	−100	101	1	201	20201
ケース2	0	1	1	1	1
ケース3	0.5	0.5	1	1	0.5
ケース4	1	0	1	1	1
ケース5	101	−100	1	201	20201

教訓

多重共線性に注意せよ

失敗事例 25 過学習が生じてしまう

症状

機械学習で予測モデルを作るときに、重大な問題となるのが「過学習」です。機械学習ですでに何度もモデルを構築したことがある、という方であれば常識の範囲内の問題ですが、機械学習初心者の方はご存じないかもしれません。

「過学習」と呼ばれる現象はいったい何を指し、どうしてそれが問題になるのでしょうか。

「過学習」とは、文字通り「過剰に学習してしまう」現象のことです。教師ありの機械学習アルゴリズムでは、「正解が既知のデータ」から「モデル」を構築しますが、「正解が既知のデータ」は数が限られていますから、あまりにもそれを参考に学習を進めてしまうと、「正解が未知のデータ」に対して正解を予測することができなくなってしまいます。これは、学習参考書の問題と答えを丸暗記し、完璧に解答できるようになったと思いきや、問題文が一文字でも変わると正解できない、という勉強をしてしまった状態です。

具体例を挙げましょう。下図のような、Xに対するYがあったとします。教師あり学習では、いくつかの既知のXとYの組み合わせをもとに、新しいXに対するYを予測します。

ここで私たちが目標とするべきモデルは①でしょうか、②でしょうか。①はほぼすべての点を通過する線になっていますが、乱高下が激しく人間の直感的な認識に反しています。その意味では、②のほうが直感的には正しいモデルとなっています。実は、このデータの正解は、Y＝1という直線で、そもそもYはXとはまったく無関係な定数なのです。

①のモデルは、既知のデータにとらわれすぎて、未知のデータに対する予測がまったく外れてしまっています。このようなと

過学習されたモデルと汎化されたモデル

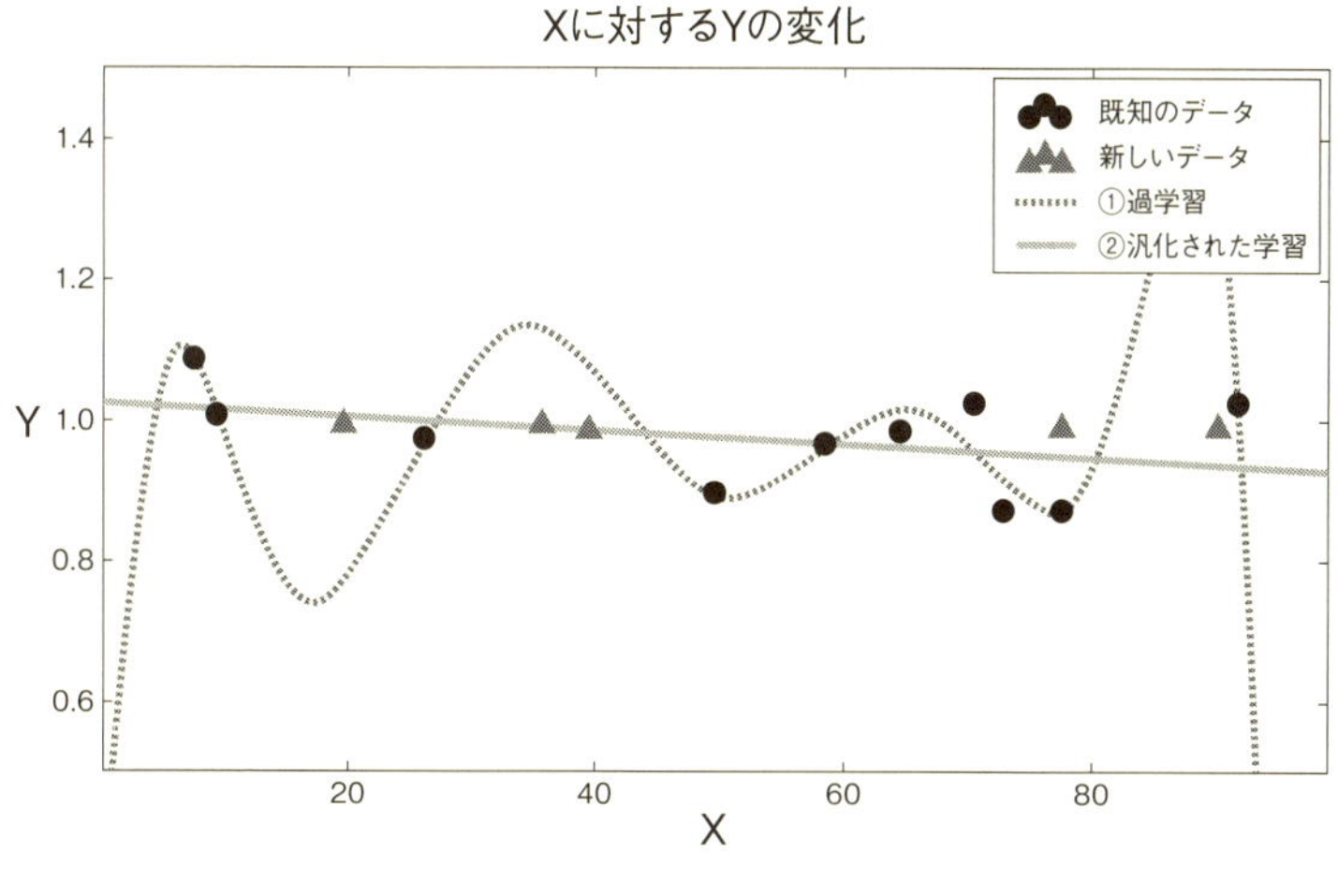

き、①のモデルを「過学習のモデル」と呼び、②のモデルを「汎化性能のあるモデル」と呼ぶことができます。「汎化性能」とは「汎用的に使える」くらいに考えておけばよいです。

そもそも、私たちは何のために予測モデルを構築するのでしょうか。それは、「正解が未知のデータ」の正解を予測するためです。だからこそ、既知のデータに対してだけではなく、未知のデータに対してもある程度当てはまる、汎用的に使えるモデルの構築が必要となるのです。

それでは、どうして「過学習」が生じるのでしょうか。大きく分けて、以下の3つの要因があります。

①学習に使えるデータが偏っている、または少ない
②特徴量の次元が大きすぎる
③アルゴリズムのハイパーパラメータが不適切

本項では、アルゴリズムのハイパーパラメータが不適切というケースについて見ていきましょう。

克服法

学習アルゴリズムのハイパーパラメータは、さまざまな組み合わせを試してみて、最良のパラメータの組み合わせを選択する、という手順を踏むのが一般的です。機械学習のアルゴリズムは様々なハ

イパーパラメータをもっており、過学習の原因となる危険なパラメータの組み合わせも存在します。このような危険なパラメータを避けて適切なハイパーパラメータに設定するために、交差検証を行います。

交差検証の基本的な考え方は、教師データに過剰にフィットしたモデルができていないかを、評価データでチェックする、というものです。

交差検証には以下のようなバリエーションがありますが、最低でもホールドアウト検証は行っておきましょう。

①ホールドアウト検証
データ全体を教師データと評価データに分割し、教師データで学習を行い、評価データで精度を評価する検証方法。

②K-分割交差検証
データ全体をK個の部分集合に分割し、1つを評価データ、残りを教師データとして学習・評価するという流れをK回行い、K回分の精度の平均値などで評価します。

③Leave-one-out交差検証
評価データを1つのサンプルとし、残りのサンプルを教師データとする方法。サンプルの数だけ、

学習・評価が行われます。この方法は、K-分割交差検証のKがサンプル数のときと同じことを行います。

なお、構築したモデルの「教師データ」に対する精度も確認しておくことが大切です。たとえば、教師データに対する精度が評価データに対する精度よりも著しく高い場合は、過学習が起きていると考えるべきです。

このような評価を行うことで、最低でも、過学習が起きているか否かを判断することができます。モデル構築の際は、必ず行うようにしましょう。

教訓　**交差検証を行え**

ホールドアウト検証の流れ

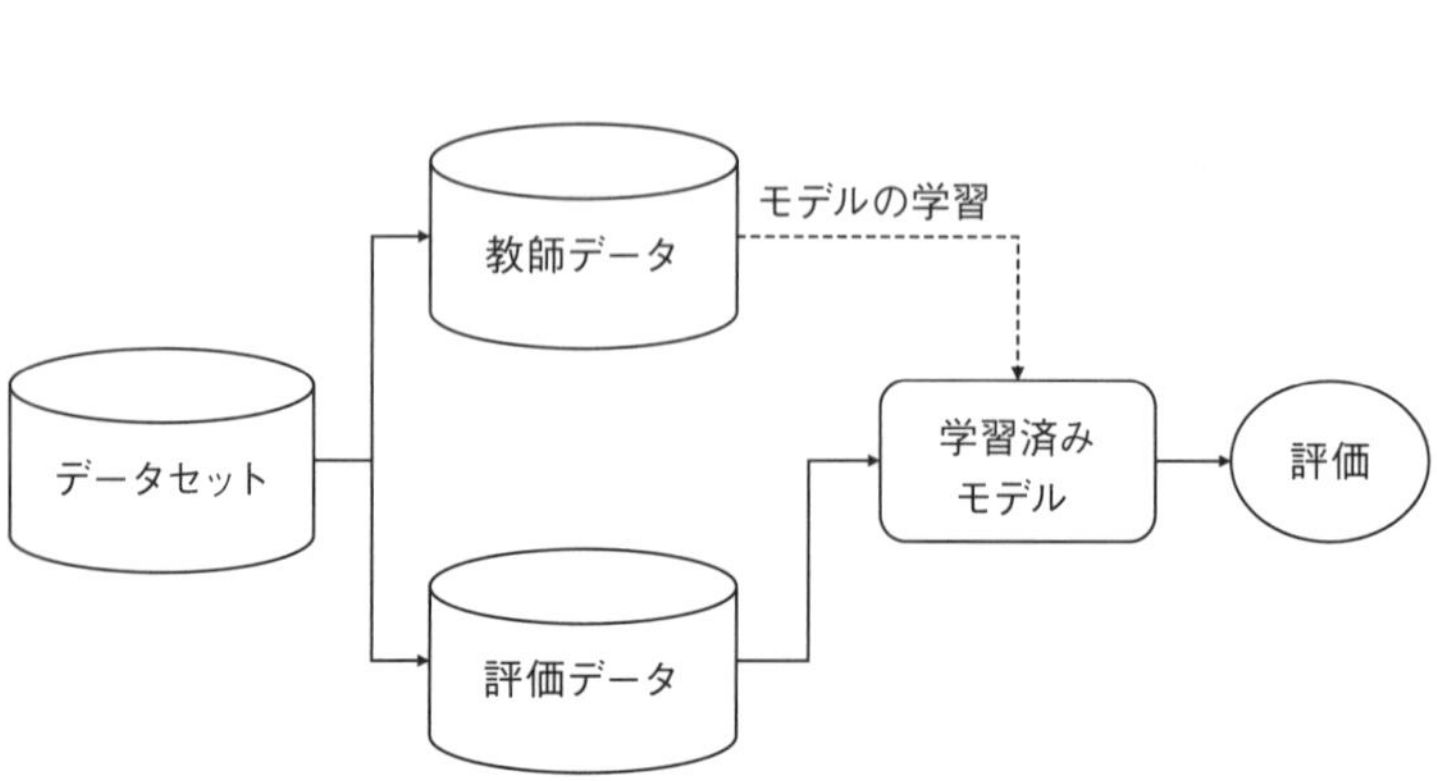

失敗事例 26

意外な結果を期待されてしまう

症状

データ分析に期待されることの一つに、「今まで思いもしなかった意外なことがわかる」ということがあります。依頼者は、苦労してインフラを整備し、データを整備して、データ分析を依頼してきます。その苦労に見合うだけの成果が、データ分析者には期待されるのです。

このような成果がデータ分析に期待されているということを表す端的な言葉に、「データマイニング」という言葉があります。マイニングとは「採鉱」を意味する言葉ですから、データマイニングとは鉱山から貴金属を採鉱するように、大量のデータの中から価値のある情報を抽出する、という意味です。

しかし、多くのデータ分析では、そうそう意外なことはわかりません。むしろ、当たり前のことが当たり前にわかるだけです。あるいは、定性的にはわかっていたことが定量化される、ということにとどまることがほとんどです。

筆者の経験を一つ挙げてみましょう。

今手元にあるデータからどのようなことがわかりそうかを分析してほしい、という依頼が来ることがあります。「何かに使えそうだ」と思いデータをためていたが、ストレージの費用がかかるばかりで大した活用方法を思いつかないから何とかしてほしい、ということのようです。しかし、依頼者の業務にそこまで詳しくない分析担当者に提案できることといえば、すでに行われている当たり前のことだったり、逆に業務上は役に立たない現実離れしていることだったりで、そうそう意外な活用方法というものは見つからないものです。結局、大した提案もできずに、この件は流れてしまいました。

克服法

このような失敗を避けるためにまず重要なことは、データ分析から意外なことがわかることは滅多にない、ということを依頼者に対して伝えるということです。データ分析プロジェクトの多くは目的ありきで進みます。その目的を達成するために仮説を立て、仮説に沿ったモデルを構築するというのが一般的な流れです。今までの勘や経験で定性的にわかっていたことを、定量的に裏付けるというのもデータ分析の重要な役割で、定量的にわかることで初めて次のアクションにつながることもあります。

一方で、データ分析プロジェクトの中には研究開発的な側面が強くあるものもあります。そのようなプロジェクトでは、今まで考えつかなかった分析や活用の方法を考え出すために、さまざまなデータを安定して取得・保存しておくだけのお金と、そのようなデータをあらゆる仮説や常識を一度忘れて観察するだけの時間が必要となります。そして、このようなプロジェクトは、結局何も有益な結果をもたらさず、徒労に終わる可能性もあります。このようなリスクを含めて許容できるか否かを、依頼者に問いかけるというのも分析担当者の重要な仕事です。

教訓

意外な結果はそうそう出ないと、依頼者に伝えよ

失敗事例 27 読みにくい分析スクリプトを書いてしまう

症状

分析者は分析にさまざまなツールを使用します。Ｅｘｃｅｌはもちろん、ＲＤＢ（リレーショナルデータベース）や、ＳＰＳＳやＳＡＳといった高価な統計専門ソフト、あるいはさまざまな機械学習のクラウドサービス、そして各種のプログラミング言語などです。データ分析の世界では、近年ではＲやＰｙｔｈｏｎといったオープンソースのプログラミング言語が人気です。ＲやＰｙｔｈｏｎを使って行う作業には、専門的なデータ分析アルゴリズムの適用以外にも、複雑なデータの前処理（集計、変数変換、欠損値の補間）などがあります。

ＲやＰｙｔｈｏｎといったプログラミング言語によって処理手順が記載されたファイルを「スクリプト」と呼びます。スクリプトを随時修正しつつ、処理の手順と結果を確認しながら、最終的な分析スクリプトに仕上げていくという作業は、データ分析の中心的な作業です。

しかしながら、データ分析の中心的な作業であるところのスクリプト作成は、非常に自由度が高く、同じ処理を実現している場合であっても、分析者によってまったく異なる様相を呈します。その違いとして、処理内容の良し悪し（たとえば、並列処理可能な部分を並列化している効率的なスクリプトとそうでない非効率なスクリプト）や、スクリプトの読みやすさが挙げられます。

読みにくいスクリプトが分析プロジェクトに及ぼす影響を考えてみましょう。読みにくいスクリプトは、一回きりの分析であれば問題ないかもしれません。しかし、多くの分析プロジェクトは、繰り返しが必要なものです。一度書いたスクリプトがうまく動いたからといって、そのまま放置していると、次回の分析の際に、自分がいったいどのような思惑でそのスクリプトを記載したのかを忘れてしまっていて、分析の改善が行いにくくなる場合があります。特に、他人の書いたスクリプトをもとに改善を行わなければならない場合は、読みにくいスクリプトを一行一行解釈しなおす必要があり、最悪の場合は一から記載するよりも長い時間を要することとすらあるのです。

実際、筆者の実体験では、1年おきに分析を行うプロジェクトでは大変苦労した覚えがあります。1年前に自分がどのような思惑でこのスクリプトを書いたのだろうか、と苦労しながらスクリプトの改善を試みたとき、もうちょっと読みやすいスクリプトを書くべきだったと反省したものです。

克服法

分析スクリプトが読みにくくなるのを避けるには、どのようなことに気をつければよいでしょうか。

最も重要なのは、コメントを書くことです。コメントは、スクリプト中に記載することができる、処理内容とは無関係の文字列です。コメントには、各スクリプトの処理がどのような内容であるのか、あるいはどのような判断の下で行われているのかを記載することができます。

次回の分析をする際は、コメント内容を確認しながらスクリプトを読んでいくことで、処理の内容を適切に把握することができるようになります。

また、コメント以外にも、読みやすさという意味では、命名規則を決める、ということが重要になります。命名規則とは、変数や関数、クラスの名称をどのように決めるべきか、というもので、読みやすいスクリプトを記述するためには必須の決め事です。

コメントの書き方や命名規則といったスクリプトを書く際の決め事をコーディング規約と呼びます。コーディング規約は、スクリプトの書き方に法則を与えることによって、後の解釈を容易にするだけでなく、書くことそのものから迷いを除去してくれる大切な決め事です。もしも分析者が複数人いる場合は、共通のコーディング規約を用意するとよいでしょう。そうすることで、お互いのコードが読みやすくなり、レビューや引継ぎの際の効率化につながります。

とはいえ、一からコーディング規約を作成するのは大変です。Ｇｏｏｇｌｅが公開しているコーディング規約がありますので、一度参照してみることをお勧めします。

R: https://google.github.io/styleguide/Rguide.xml

Python: https://google.github.io/styleguide/pyguide.html

Googleのコーディング規約は、分析スクリプトを書くうえではやや過剰な部分もありますので、必ずしもすべてに従わなければならないものではありません。取り入れられる部分は取り入れて、自分たちの、現実的なコーディング規約を作りましょう。

最後に、本を一冊紹介しておきましょう。Dustin Boswell『リーダブルコード』（オライリー・ジャパン）という名著です。この本には、読みやすいコードやスクリプトを書くために身につけるべきスキルが紹介されています。プログラマ向けに書かれている部分もありますので、分析者によってはピンと来ない部分もあるかもしれませんが、読みやすいスクリプトを書くための指針としてぜひ参考にしてください。

教訓

分析スクリプトにはコメントを書け

失敗事例 28 評価指標がビジネス上、有用ではなかった

症状

統計モデルは構築するだけではなく、実際に使えるのかを評価する必要があります。統計モデルの評価のために、さまざまな指標が統計学の世界で考案されています。それらは、客観的で定量的な指標として、非常に有益なものです。しかし、ビジネスにおけるデータ分析では、そのような評価指標は必ずしも有用ではないことがあります。分析担当者から見ればなぜそのような部分にこだわるのか一見しただけではわからない基準で、モデルの良し悪しが評価されるのです。

具体的な例を挙げましょう。小売店の店舗での日別・時間帯別の来客数を予測するモデルを構築するとします。来客数とはレジを通過する客数のことです。店舗の担当者は、このモデルを使って、各時間帯の従業員のシフトを作成しようとしているようです。

分析者は、数年分のＰＯＳデータを基にして、データの基礎集計を行い、カレンダー情報（曜日や祝日情報）などと組み合わせ、来客数の予測に使えそうな説明変数を選びました。そのうえで、説明

変数の組み合わせや変数変換の有無、アルゴリズムの検討などによって、複数の予測モデルを構築し、それぞれのモデルを学習に使用していない評価用の期間のデータを用いてＲＭＳＥ（Root Mean Squared Error）によって評価しました。

その結果、わずかな差でしたが、特定の特徴量を含まないモデルのほうが良い精度であるという結論を得られました。そのため、最もＲＭＳＥの小さいモデルを最終的なモデルとして、依頼者に提出しました。

ところが、そのモデルによって得られる予測値が納得できないということで、別のモデルの結果も確認させてほしいという依頼が来ました。そのため、ＲＭＳＥが良い上位３つのモデルの予測結果をグラフとして見せたところ、ＲＭＳＥが２番目に良かったモデルが一番実感に合っているという意見が得られました。２番目のモデルは、ピークへの追従は良いけれど、全体としてはいま一つのものだと分析担当者が判断したモデルでした。しかし、使う側から見ると、全体の精度が高いモデルよりも、ピークに追従しているほうが使えるモデルだったということでした。

本当にそんなことがあるのか、と思われる方は、次ページの人工データを見てください。正解の線以外に、予測値１と予測値２の線があります。予測値１の正解値に対するＲＭＳＥは１・２２、予測値２のＲＭＳＥは１・２６となっており、僅差ではありますが、予測値１のほうが高い精度で予測できています。しかし、グラフの中でピークになっている部分を見ると、予測値１はピークに対してあまり追従できておらず、予測値２のほうはピークに追従し、メリハリのある予測結果となっているということがわかります。

このピークを重要なものととらえるか否かで、どちらの予測値がより正解に近いと判断されるかは変わってきます。評価指標が低かったとしても有用と判断されることは、このように、実際に細かく比較してみないと案外わからないものなのです。

克服法

このように、精度指標がビジネス上の有用性と異なるケースは多々あります。モデルの用途の確認を十分に行っていれば、適切な精度指標の選択や設計が事前に可能だったかもしれません。しかし、実際には実務に役立つ適切な評価指標を

複数の予測モデルによる予測結果の比較

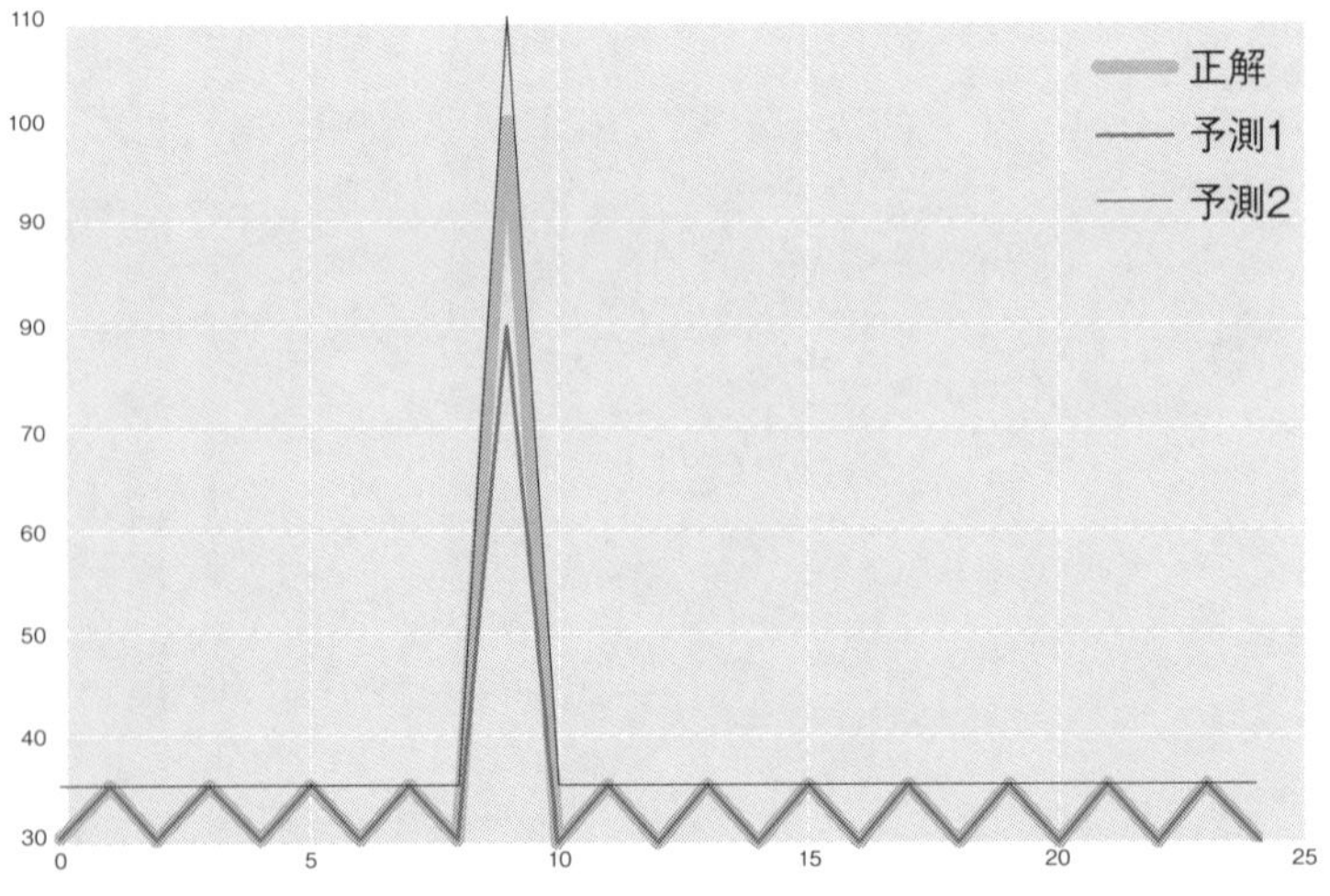

最初から設定することは、実務から遠く離れた分析者にとってかなり難しいことです。

そのため、分析担当者は、どのようなタイミングで予測結果を当てやすいのか、どのようなタイミングで予測結果を外してしまうのか、ということをよく把握しておいたうえで、依頼者に対して説明し、依頼者が求める本当のモデルの良し悪しを探る必要があります。たとえば、前ページのグラフでいえば、「予測1は普段はよく当てられるけれどピーク時に外してしまい、逆に予測2は普段はざっくりとしか当てられないけれどピーク時には当てられていますね」といったことを説明するのです。

依頼者にモデル構築の結果を説明する際は、散布図と時系列プロットを最低限図示しておきましょう。散布図では、実績値が大きいときに外しやすい、あるいは逆に小さいときに外しやすいといった傾向を見せることができます。時系列プロットでは、どのようなタイミングでは当たっていてほしいのか、逆にどのようなタイミングでは外れても問題ないと考えるかを尋ねながら確認できます。

モデルの良し悪しは、単一の統計的な指標によってのみ決まるものではありません。場合によっては専用の精度指標を作る必要があります。また、分析結果報告の最初のうちは、精度指標にこだわらずに予測結果そのものを見せ、どのような点が重視されるのかを探ることも必要です。ビジネスにおける統計モデルは、「使ってなんぼ」です。統計モデルがどのように使われるのか、その使用方法に耐えられるのか、という部分まで含めて統計モデルの良し悪しとなるのです。

教訓

モデルの良し悪しを独断するな

失敗事例 29

依頼者の意向を読み違え分析を進めてしまう

症状

分析担当者は、分析を依頼されたときや分析中に、何を分析したいのか依頼者にヒアリングをします。ヒアリングでは、まず分析の目的を明確にします。当然のことですが、目的が定められなければ、分析をスタートすることも軌道修正することもできません。分析の目的が明確になった後に、その目的を達成するための問題設定と分析内容を決めていきます。

データ分析プロジェクトの初回のヒアリングには、分析の目的を明確にするという最も大切な課題が含まれています。そのためには、依頼者の業務をそれなりに理解し、依頼者が発する言葉の端々から、「依頼者の意図」を丁寧に拾い上げる必要があります。そのため、経験の浅い分析者が一人でヒアリングに行って、そのまま分析内容まで一人で決めるのは危険です。ヒアリング内容をメンバーに共有して、複数人で分析内容を決めたとしても、不十分です。どちらもヒアリング段階で分析依頼者の意図を読み違えている場合があるからです。分析中でも疑問を抱いたら、すぐヒアリングをします。

分析依頼者の意図を読み違えたまま進めると、分析結果を報告したときに「そもそも目的が違う」「これはこれでいいが、他に優先度の高い分析項目があった」とお叱りを受けることがあります。「依頼者の意図をくみ取る」ことは、経験の浅い分析者にとって、最も難しいことの一つなのです。

分析者に依頼されるような分析は時間も費用もかかることが少なくありません。そのため、依頼者の期待と異なる結果を出してしまうと、信用を大きく失うことになります。

克服法

依頼者の意図を正確にくみ取るには、どうすればよいでしょうか。とても簡単で基本的なことですが効果的な方法があります。ヒアリング内容をまとめて、依頼者にメールを送ることです。送る内容は

①分析の目的
②分析からわかること

この2つです。この内容を文章化することで、まず、分析者自身の理解を先方に伝えることができます。メールを送ると、たいていの場合はヒアリングの場で聞き切れなかったことや誤解していたことについて、まとめて返信してくれます。また、先方が文字情報に起こしてくれますので、こちらの勘違いが入る余地が少なくなります。

分析の目的がだいたいわかってきたら、メンバーにヒアリング内容と分析の目的を共有します。そして分析内容を決めていきます。

分析内容が固まれば、再びメールを送ります。実際に顔を合わせ、打ち合わせをしてもよいですが、それとは別にメールを送っておくと分析内容の認識合わせが早く終わります。

分析を始めて間もないころは、何もかも一人でやらなければならないと感じるかもしれません。分析の目的を決めることも、分析内容を決めることもすべて自分の責任だと思うかもしれません。しかし、それは無駄な気負いになるだけでなく、分析プロジェクトの失敗につながってしまいます。分析プロジェクト成否の責任は自分だけでなく、依頼者を含むプロジェクトチーム全員が背負っているものです。分析は分析依頼者と一緒に進めていくもの、もっと言えば分析プロジェクトの主役は依頼者であり、依頼者の実現したいことを叶えるために分析者がいるのです。1回の打ち合わせで分析の目的を適切に把握できないことを、恥ずかしがる必要はありません。不明なことがあるのであれば、その都度確認をとればいいのです。本当に依頼者が良い分析結果を望んでいるのであれば、喜んで答えてくれることでしょう。

分析者の最大の味方は依頼者です。分析の目的や解決すべき課題は怖がらずに積極的に聞いていきましょう。

教訓

ヒアリング内容をまとめて、依頼者にメールを送り、意向を確認せよ

失敗事例 30

分析することが本分だと勘違いしてしまう

症状

「分析」とは、計算することだけで終わるわけではありません。分析スクリプトを実行し、計算が終わった後にもやるべきことがあります。具体的には1-2節の「フェーズ3：報告フェーズ」に記載しています。報告フェーズで行うことは以下のようなことでした。

①「事実：データから直接わかること」を列挙する
②「解釈：データの裏側で何が起こっているか」を考察する
③「延長：そのまま何もしないとどうなるか」を予想する
④「対策：何をすべきか」を提言する
⑤「解決：対策を打つとどうなるか」を予想する

端的にまとめると、計算結果の「解釈」と「提言」です。

初めて分析を担当するときは、分析とは計算の処理が中心で、その後の報告資料は計算結果をただ伝える程度でよいと思いがちですが、そうではありません。計算結果を単に報告しただけでは「これではあなたに頼んだ意味がない」と言われてしまいます。分析者に依頼される分析は、統計的な手法を用いているために専門性が高く、依頼者には解釈が難しいためにアクションにつなげられないことが多いからです。たとえば、重回帰モデルを構築したとして、回帰係数の値がどうだったとか、P値がどうだったとかいう報告をしただけでは、それが依頼者の業務とどう関係があるのか、どういったアクションをとればいいのか、理解してもらえないのです。

したがって、計算結果は依頼者にも理解できるように、「分析者が」解釈して言語化し、提言を行う必要があります。

解釈と提言をまとめるには思ったよりも時間がかかります。筆者の場合は、計算に使った時間の半分程度かかります。計算に使う時間とは、データを整備し、分析スクリプトを記述し、細かいチューニングを行う、といった作業にかかる時間です。計算するのに3週間かかったとすると、分析の解釈と提言をまとめるのに1週間半程度かかります。

この時間感覚がつかめていなかったころは、計算結果を解釈する時間が足りず、とりあえず計算結果を図示したグラフを張り付けただけの解釈も提言もない報告書を出していました。そして、「頼んだ意味がなかった。期待したほどの結果がもらえなかった」と言われてしまっていました。

克服法

このような事態を避けるため、筆者は次の2点に気をつけています。

1つ目は、解釈と提言をまとめる時間をあらかじめスケジュールに組み込んでおくことです。慣れないうちは計算にかかる時間と同じ程度の時間を確保するとよいでしょう。

2つ目は、見るべき計算結果を減らすことです。筆者の経験では、解釈を行う時間が足りなくなり、やむを得ず予定していた報告内容を削ったプロジェクトがあります。それはWeb広告の評価のプロジェクトでした。1年分のECサイトのアクセスログを基に、どの広告が商品購入に貢献しているのかを分析して、今後の広告施策の方向性を決めるプロジェクトでした。予定では、まず1年間すべてのログデータを使ってそれぞれの広告の役割（集客、興味促進、刈取り）を把握し、次に時系列分析を行ってそれぞれの広告が獲得する購入件数の推移を見るという内容でした。さまざまな計算を行ったのですが、最終的には、1年間の計算結果が3つ、時系列での結果が6つ、さらに別のアプローチの計算結果が4つの、合計13個の計算結果が算出されました。分析対象になった媒体は約100です。

つまり、全部で約1300個の結果を見て解釈と提言をまとめなければなりませんでした。計算結果が出てから報告まで残り5日という状況でした。5日で1300個の結果から解釈と提言をまとめるのは不可能です。そのときは1年間の結果を中心に解釈と提言をまとめ、時系列と別のアプローチからの計算結果は付録に回しました。ただし、分析プロジェクトの目的には合致していて、依頼者の課題解決ができるだけの十分な内容です。すべての分析結果を使ったわけではありませんが、今後の広告施策の方向性を決めることができたと依頼者に満足してもらえました。

分析は計算がゴールではありません。依頼者に理解してもらえて、その後につながる解釈と提言を行うまでが分析なのです。

解釈や提言のない資料と、ある資料

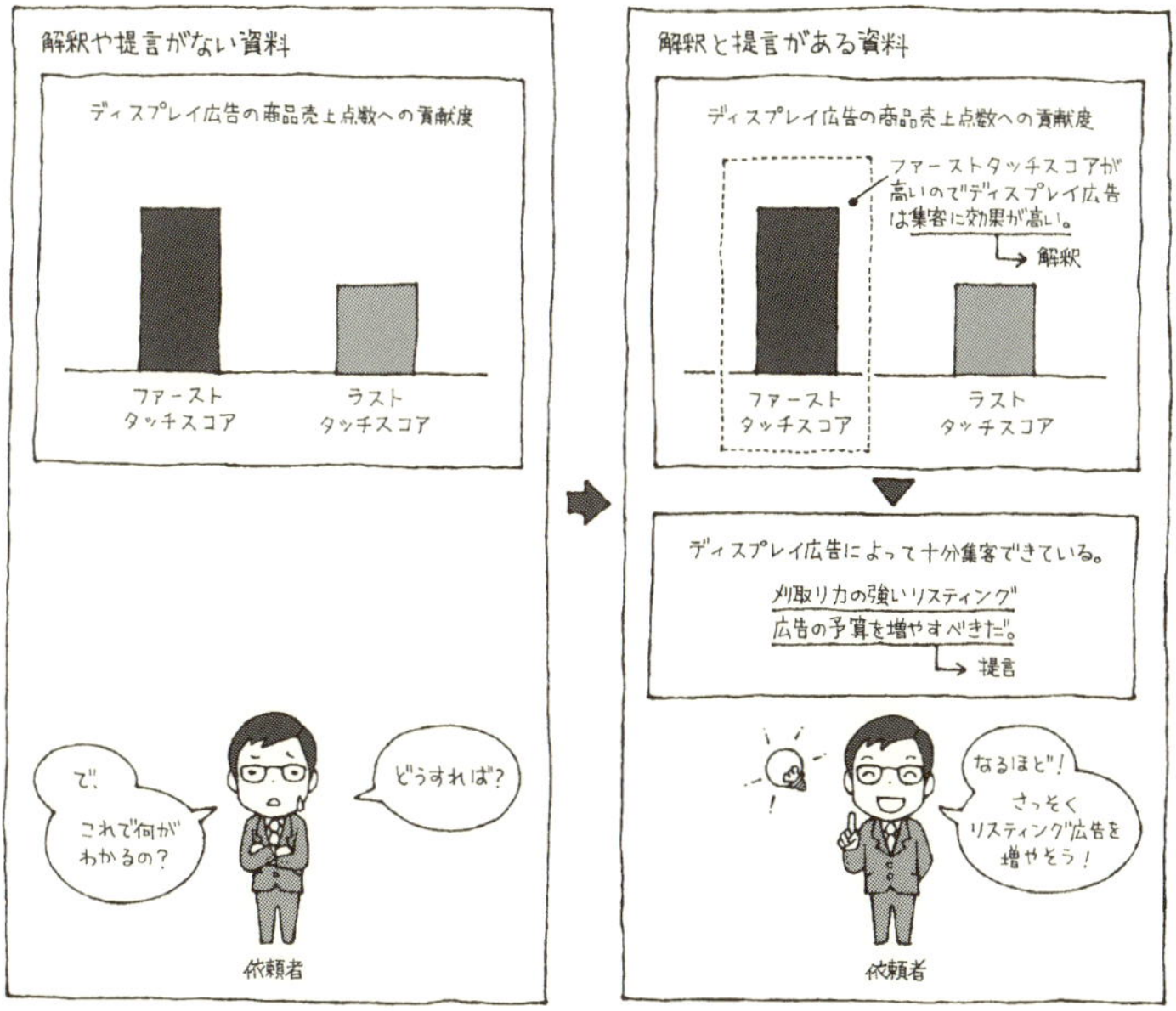

教訓

分析は計算がゴールだと思うな。解釈と提言までがゴールだ

Chapter 4

報告フェーズでコケないための5つの失敗事例

失敗事例 31

報告資料のコメントがわかりにくいと言われてしまう

症状

分析結果を伝える報告資料のコメントがわかりにくいと混乱をもたらします。たとえば、掲載しているグラフや表と合っていないコメント。前のページとのつながりがなく唐突感のあるコメント。事実と解釈が混在しているコメント。このようなコメントは混乱をもたらします。筆者が最も注意されたのが「事実」と「解釈」が混在しているコメントです。筆者のコメントに対し「どこまでが分析結果から言える事実で、どこまでが解釈なのかわからない」とよく言われました。そう言われたとき、「報告書をよく読めばわかるだろ」などと心の中で悪態をついていました。報告される側に対し、このような負担を当然と考えていたのです。

報告される側にとって負担を強いる報告は、心を疲れさせる報告です。報告後にアクションを起こす前に、心が疲れてしまっては良くありません。疲れるのではなく、モチベーションを高める報告が理想です。そのためには、報告される側に負担の少ないコメントが必要なのだと反省しました。

克服法

「事実」と「解釈」の区別が明確にわかるコメントを書くにはどうすればよいのか。いろいろな人の報告書を見ました。勇気を振り絞っていろいろな人に相談しました。簡単に解決しました。筆者が実施したのは以下の3つです。

①事実と解釈でコメントを記載する行を分ける
②事実と解釈でコメントの文字の色を分ける
③事実のコメントから解釈のコメントに向けて矢印を付ける

常に3つを実践しているわけではありません。報告書のスライドの構成に応じて使い分けています。一番多いのが、スライドの一番上に「事実」のコメントを黒字で書き、次の行に「解釈」のコメントを赤字で記載するパターンです。解釈のコメントの最初に「→」（右向きの矢印）を入れています。次に多いのが、スライドの左半分にグラフを掲載し、スライドの右半分にはコメントを記載するパターンです。「事実」のコメントを上に記載し、「解釈」のコメントを下に記載します。事実と解釈のコメントは四角の枠で囲み、その間に「⇩」（下向きの矢印）を入れます。

筆者のスライド例その1

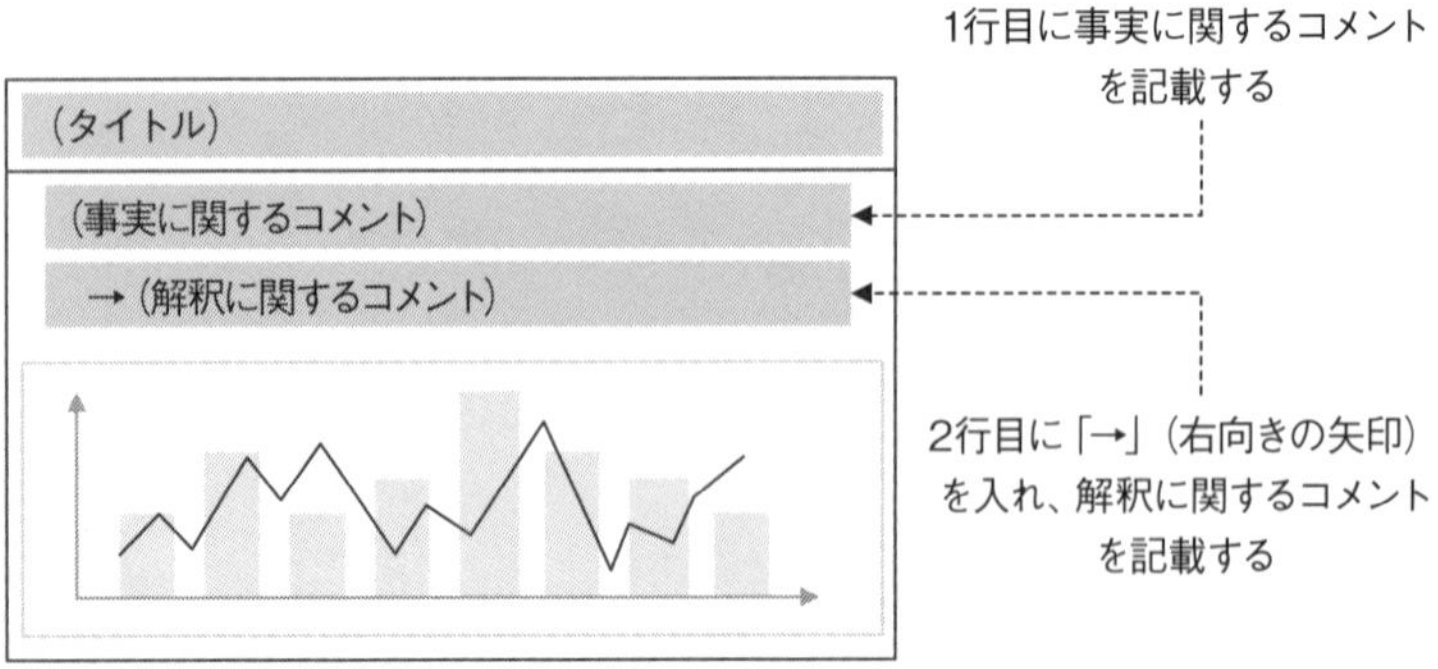

筆者のスライド例その2

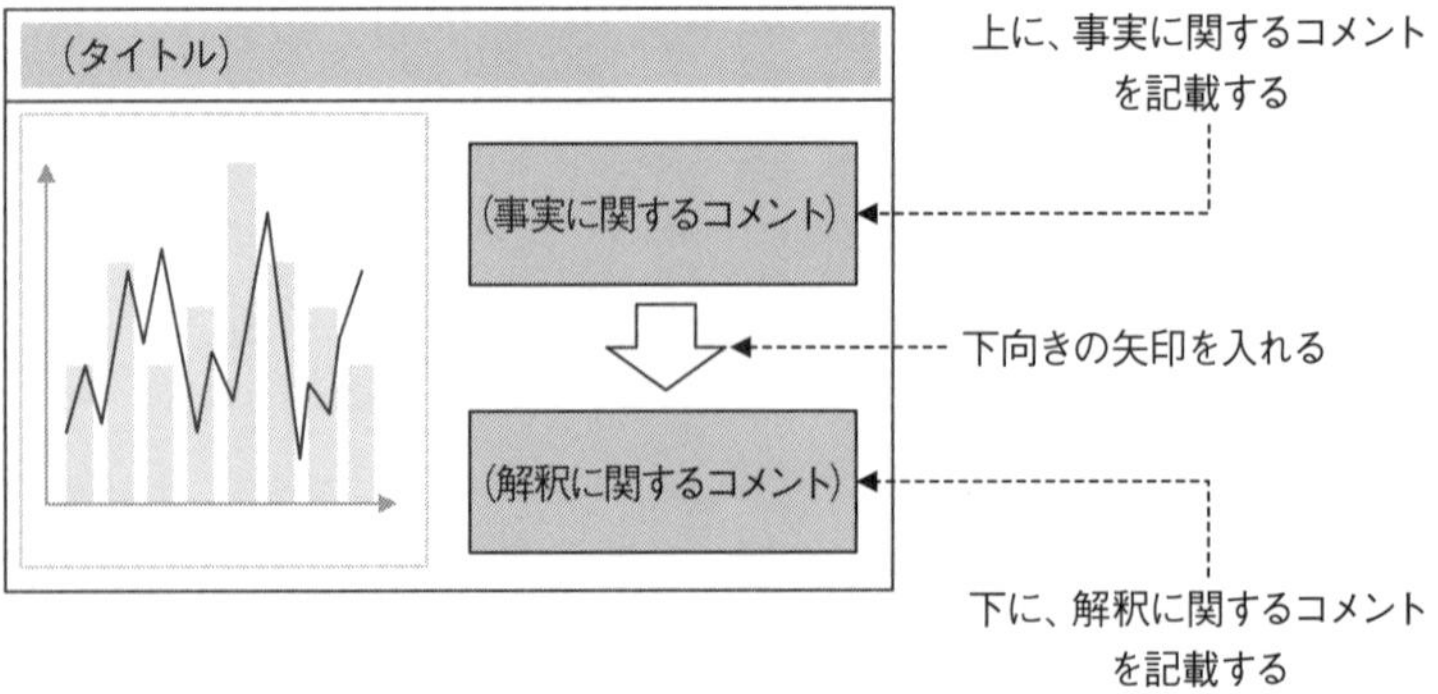

たったこれだけですが、非常にわかりやすくなったと言われました。やりすぎと思われるかもしれませんが、やりすぎと思われるぐらいしないと誤解を生むものだと思います。

教訓

コメントは「事実」と「解釈」を明確に分けよ

失敗事例 32 情報を詰め込みすぎたスライドを作ってしまう

症状

分析結果の報告に、パワーポイントなどのプレゼンテーションソフトを使う機会は多いです。もちろん、ＥｘｃｅｌなどのスプレッドシートやＷｏｒｄなどのワープロソフトで報告書を作ることもあります。人に説明するときのわかりやすさでは、パワーポイントなどのプレゼンテーションソフトが一番です。筆者は、パワーポイントを一番使っています。

しかし、パワーポイントの各ページのスライドを作るとき、情報量を詰めすぎると非常にゴチャゴチャしすぎて、わかりにくくなります。そして何よりも、スライドを作るのに時間がかかります。分析している時間よりも、パワーポイントの資料を作っている時間が多くなることもあります。たとえば、次のようなことがよく起こりました。見直すたびに気になる箇所があり、何度も何度も修正。修正を重ねるうちに、どんどんゴチャゴチャしてくる。時間をかけてわかりにくい報告書を作っているかのようです。社内で報告書のレビューをするたびに、「何が言いたいのかわからない」と言われたり、

「口頭の説明がないと理解できない報告書だ」と注意されたり、「もっとシンプルにできないか」と指摘されたりしました。

情報を詰めすぎたスライドはわかりにくいだけではありません。報告会で、いろいろな問題を起こします。たとえば、議論の本題から外れる。参加者の集中力を削ぐ。言いたいことを勘違いされる。つまり、一所懸命作った報告書が混乱の元になるのです。分析者としては報われません。

筆者は、「分析者の本分は『分析すること』であり『報告すること』ではない」と心の中で何度も叫びました。しかし、分析したことを正しく伝えるためには、どうしても報告しなければなりません。数値だらけの分析結果を渡すだけで、関係者が勝手に理解してくれることはありません。その関係者が分析に長けている人であればそれでよいかもしれませんが、多くの人はそうではありません。分析に長けている人であっても、他人が実施した分析をすぐに正しく理解することは難しいでしょう。

最近は、ビジネスインテリジェンスツールを使うことで、ダッシュボード（あらかじめ分析結果の見せ方を定義し、その範囲内でユーザが簡単に集計や分析ができるインターフェース）を作ることが流行しています。ビジネスインテリジェンスツールを使えば、報告から解放されるのではないかと考えがちですが、現実はそうはなりません。そもそも、ダッシュボードの見方や使い方、アクションへのつなげ方などを説明する必要があります。さらに、ビジネスインテリジェンスツールだけでは、高度な分析やアドホックな分析には対応しきれません。分析者が分析し報告する必要が出てきます。結局のところ、分析者は「報告というタスク」から逃れることはできないのです。

克服法

　筆者は、よく「シンプルにしろ」と注意をされていました。自分なりにシンプルにしても、「もっとシンプルにしろ」と注意をされました。いったいどこまでシンプルにすればよいのだろうかと悩みました。一度、やりすぎだろうと思われるぐらいシンプルにしてみました。それが思いがけず好評でした。

　やったことは、余計な情報をバッサリ削ること。たとえば、グラフに表示するのは、コメントに記載している内容だけ。コメントで触れていない情報は、グラフからすべて削除しました。

　つまり逆算です。それまでは、分析結果をグラフや表などにまとめ、それをパワーポイントのスライドに張り付けてからコメントを考えていました。それを逆にして、各スライドで述べるコメントを考えてから、グラフや表などを作るようになりました。余計なグラフや表などを作る手間が減り、資料作成のスピードが格段に速くなりました。

　ちなみに、コメントとは関係ないが、報告を受ける側が気になるかもしれない情報は、Ｅｘｃｅｌの表として作りました。その表はパワーポイントに張り付けません。Ｅｘｃｅｌで表を作るだけです。パワーポイントに張り付ける場合は、スライドのサイズなどの制約に合わせたり、見栄え良く作る必要があるため時間がかかります。Ｅｘｃｅｌの表であれば、それほど時間がかかりません。つまり、参考資料としてExcelで準備するわけです。

このような工夫をすることで、報告会で本題からずれた議論が減るようになりました。

一点注意すべきことがあります。どのようにシンプルにするのかは、報告する分析者の力量次第です。だからこそ、筆者は怖くて情報量満載のスライドを作ってしまったのではないかと思います。シンプルにすることは勇気がいることです。分析者の腕が露骨に出るからです。ポジティブに考えれば、分析者の腕を見せつける機会です。自信を持って、自分の分析の腕を十二分に見せつけてやりましょう。

教訓

できるだけシンプルにしろ

グラフから余計な情報を削る

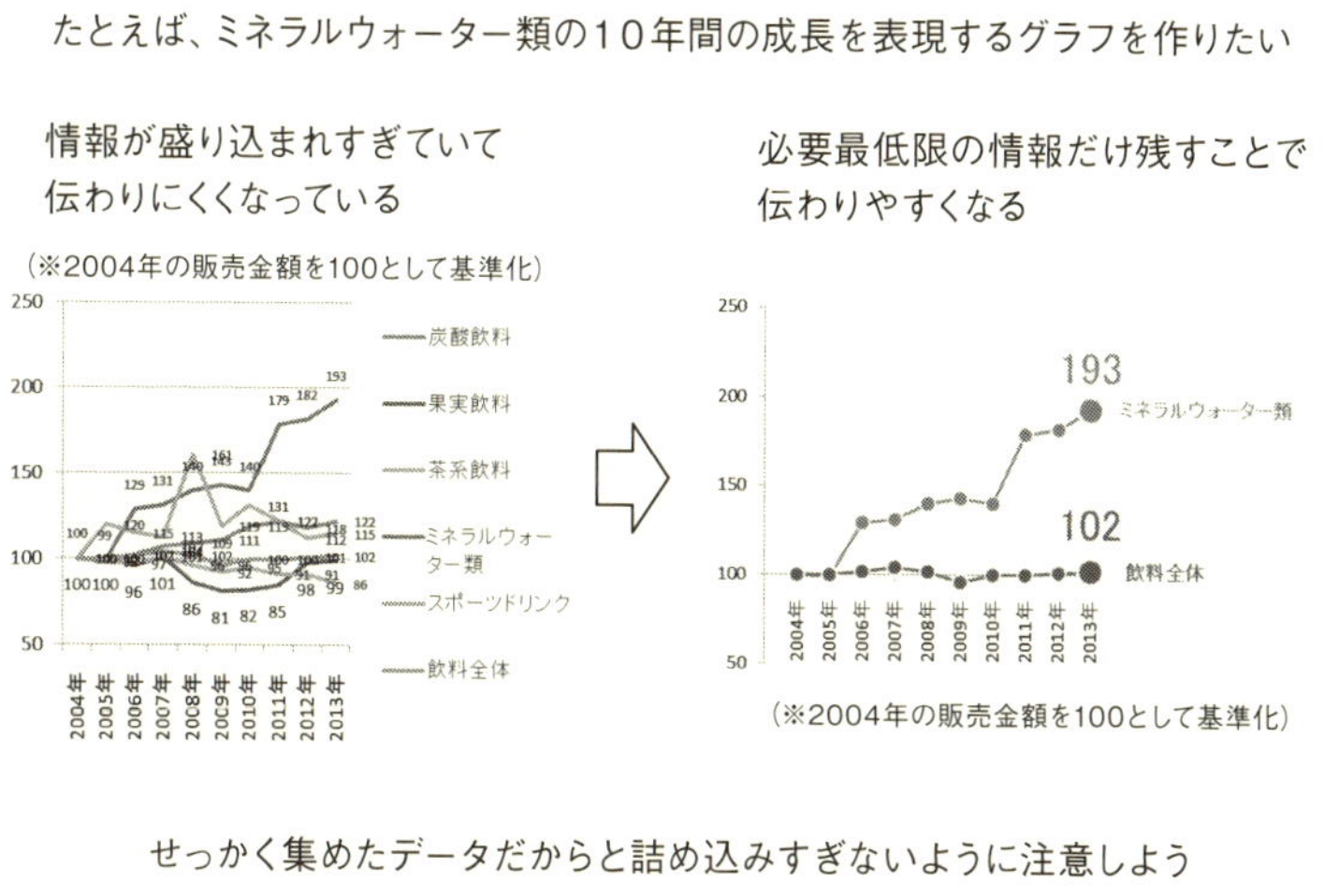

失敗事例 33
重要なポイントがずれた報告書を作成してしまう

症状

分析の依頼者の知りたいことが非常にあっさり書かれ、分析で苦労したことが、しつこいぐらい丁寧に説明されている報告書。分析の依頼者の知りたいことと、分析で苦労したこととは関係ありません。分析結果の報告会は、分析者の苦労話を聞く場ではありません。

筆者は、意図せず次のような失敗をしました。最新の分析手法を使い、いろいろな文献を調べながら苦労して分析したときのことです。分析中、いろいろな学びもありました。報告会で、その最新の分析手法の話や、モデリングの仕方、分析を実施するうえでのポイントや落とし穴などを語ったりしました。しかし、どうも参加者の反応が悪い。眠たそうな顔をする人までいます。報告会後、「丁寧に説明するポイントがずれている」と先輩から注意を受けました。そういう話は、報告会ではなく、興味のある人だけを集めた勉強会でも開いて行えばよかったと後悔しました。

筆者は、以前このような過ちを意図せず繰り返していました。確かに、分析者の苦労話を延々と聞かされても、報告を受ける側は面白くありません。報告書の中に必要な要素がすべてそろっていても、報告を受ける側の知りたいことの濃淡と報告書の濃淡が一致していないと、重要なポイントがずれた報告書に感じられます。報告を受ける側が知りたいことやアクションにとって重要なことは、丁寧にわかりやすく繰り返し報告書に記載するのがよいのですが、筆者はなかなかうまくできませんでした。頭でわかっているのにできないという状態が続きました。

克服法

筆者は、以下の3つのことを実施することで克服しました。

①分析と報告書作成の間に、いったんリフレッシュする時間的余裕を設ける
②報告を受ける側が知りたいことを紙に書き出し、それが報告書に丁寧にわかりやすく繰り返し記載されているか何度もレビューする
③分析で苦労したことを紙に書き出し、報告書に必要以上にしつこく記載していないか何度もレビューする

紙に書き出すなど非常にアナログ的ですが、大変効果があります。最初はビックリするぐらいうまくできていないことに気が付きました。大事なことがあっさりしている、苦労した箇所がしつこいぐらい丁寧に説明されている。しかし、この三点を実践することで劇的に改善できました。

ある報告会で、嬉しいことがありました。報告を受ける側から「○○の箇所は重要だと思うのだけど？」と言った質問を受けました。筆者が「アクションを左右する非常に重要なことなので、後ほど他の分析結果を交え丁寧に図などを使って説明いたします」と答えたところ、「楽しみだね」と言われました。筆者は、「やった！」と心の中で小さくガッツポーズをしました。ちょっとしたことですが、報告を受ける側の知りたいことの濃淡と報告書の濃淡が一致したと感じた瞬間です。

教訓

苦労したことを無意味に報告資料に盛り込むな

失敗事例
34

確認しても報告書に、誤字・脱字や数字の間違えが残ってしまう

症状

報告フェーズでの報告書作成の話です。報告書は分析者の「商品」と言えるものですので、誤字脱字や数字の間違いはないようにしなければなりません。また、分析結果を報告するための補助資料でもありますから、スムーズに話ができるような流れになっている必要があります。筆者は、次の4つの点に注意して報告書を作っています。

①依頼者や分析対象の固有名詞が間違っていないこと
②分析結果の数字が間違っていないこと
③誤字・脱字がないこと
④報告するときにスムーズに話ができるような流れになっていること

①〜④の間違いはどのように確認すればよいでしょうか。

①モニター上で誤字・脱字を確認する
②モニター上で数字の間違いがないか、Ｅｘｃｅｌや電卓を使って一つ一つ確認する

さて、モニター上でこれらを確認しても、実際の報告の場で間違いを見つけてしまうことが少なくありません。数字が間違っているとその後の意思決定が誤ってしまう可能性があります。固有名詞が間違っていると依頼者の気分を害してしまいます。また、作った資料を使って話してみると、資料の流れが悪くてそのスライドについてうまく話せなかったり、説明するために必要なスライドを作っていなかったことに気づいたりします。きちんと確認したはずなのになぁと不思議な気分になります。

克服法

資料は、モニター上で確認するだけでは不十分です。右の2つにさらに3つの工程を追加すると、より間違いの少ない資料に仕上がります。

③印刷して誤字・脱字を確認する（目で確認する）

④印刷して数字の間違いがないか確認する（目で確認する）
⑤実際の報告を想定して、声に出して話しながら内容を確認する（耳で確認する）

⑤の「話しながら確認する」というのが間違いの発見に効果を発揮します。報告の場で間違いを見つけてしまうのであれば、事前にリハーサルしてみればいいということです。

ちなみにこの項を書くのは気が咎めました。「こんな基本的なこともできていないのか」と読者のみなさんに怒られそうだなと思ったからです。でも、この本のコンセプトは若い分析者の失敗をさらに若い世代に伝え共有することです。寛容な心でこの本を読んでくださっていると期待しています。また、筆者と同じように報告書で間違いを頻発して悩んでいる人の助けになることを祈っています。ぜひ報告書は「目と耳で確認」してみてください。

教訓

報告書は目と耳で確認せよ

失敗事例 35

徹夜明けの状態で報告会に臨み、有意義なディスカッションができない

症状

報告資料を作るのは時間がかかります。分析業務経験の浅いうちは、資料作成に時間が多くかかります。たとえば、以下のようなことに時間をかけてしまいます。

- すでに作ってあるグラフだけで理解してもらえるか不安で、補足のスライドを作り始めてしまう
- 使い慣れていない用語の意味が正確だったか気になって調べ始めてしまう
- 表記ゆれが気になって確認してしまう
- ページ間の書式の不一致が気になってしまい、一枚一枚直してしまう
- 美しい資料を作りたくて色遣いを追求してしまう

こういうことをいつまでもやっていると時間が足りなくなってしまいます。報告会前日に徹夜で資

料を仕上げる人も少なくありません。しかし、徹夜して報告会に臨むとその報告会はだいたいうまくいきません。

筆者も徹夜明けの状態で報告会に臨むことが多々ありました。そうすると頭の回転が鈍くなりますので、報告している途中で自分が何を話しているかわからなくなり、話していることが支離滅裂になります。さらに、報告後には分析結果をもとにディスカッションを行うものですが、ぼんやりした頭では依頼者が何を言っているのか理解できず、受け答えがしどろもどろになってしまうこともあります。こうなってしまうと悲惨です。依頼者から「この人ちゃんと分析したのかな。この分析結果は信用できないな」と信頼を失ってしまいます。分析そのものは正しくて良い結論が得られていたとしても、きちんと報告できないことで良さが伝わらなくなってしまいます。

徹夜で臨んで報告会がバッドエンド

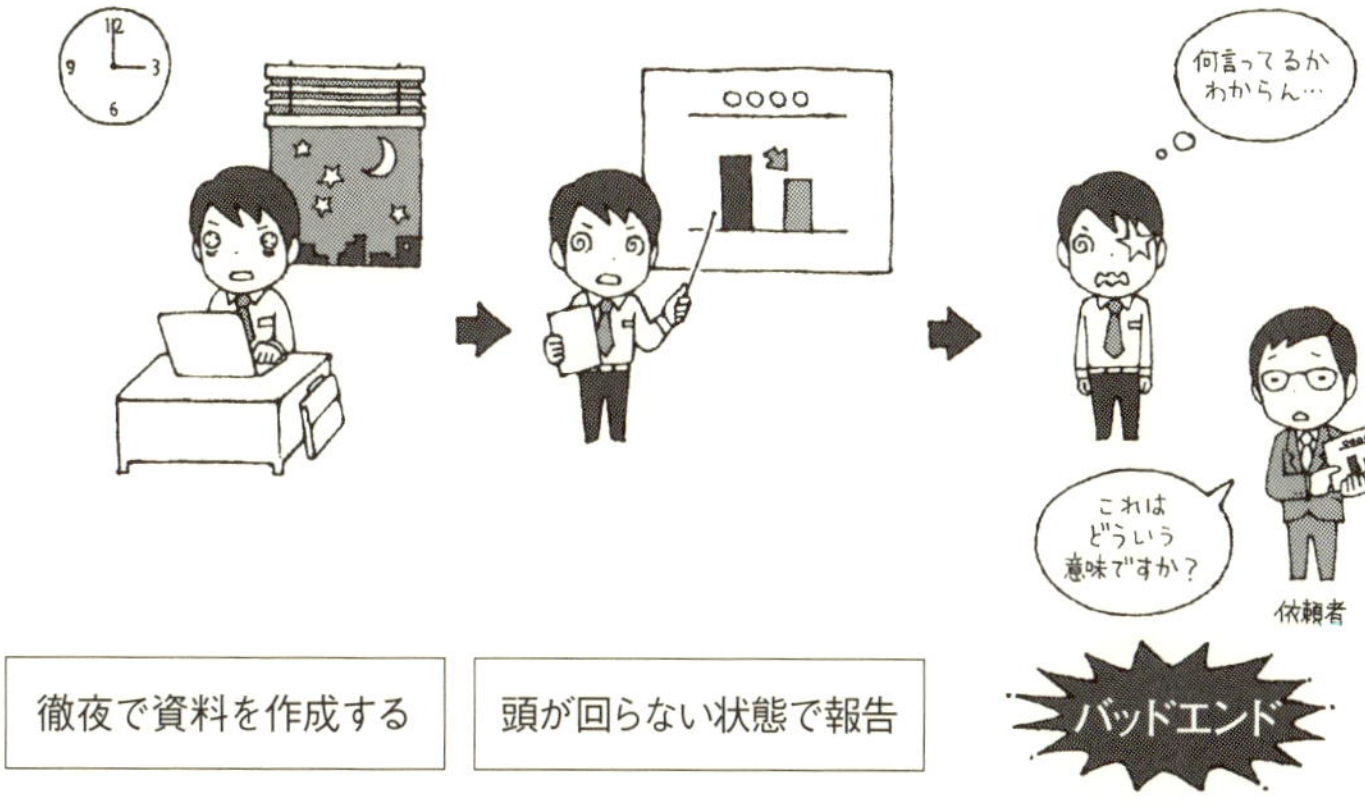

このように、報告資料はきっちりと作りこんでいたとしても、報告自体の質が落ちてしまうと、報告結果を正しく伝えられないばかりか、依頼者からの信用も失ってしまう結果となるのです。

克服法

報告会に臨むにあたって注意しなければならないことは、力を入れるべきは完璧な資料を作成することではなく、分析結果の報告とそれに付随するディスカッションだということです。そのため、資料の完成度は多少犠牲にしてでも、分析者の体調を優先し、きちんとした受け答えをできるように準備しておく必要があります。

前述のような経験を何度か経た反省から、最近では資料を整えるのはほどほどにして、報告会前夜には必ず7時間以上睡眠をとるようにしています。十分な睡眠をとることで頭がクリアになり、報告会の場で、自分が伝えたいことを明快に話すことができるようになりました。多少完成度が低い資料をもとに報告を行うことになったとしても、口頭で補いつつ、要点を抑えた説明ができるようになりました。受け答えもハキハキできるようになり、依頼者とのディスカッションも有意義なものとすることができるようになってきました。

報告会は、顔を合わせたコミュニケーションを通じて、依頼者に分析結果を理解してもらい、ディスカッションを深めることが目的です。そのため、頭がクリアな状況でなければ有意義な報告会にはできません。

報告会の主役は分析担当者の「頭脳」です。最高のパフォーマンスを発揮できるよう、報告会前日は十分な睡眠をとりましょう。

教訓

報告会の主役は分析担当者の「頭脳」である

よく寝て臨んで報告会がハッピーエンド

Chapter 5

データサイエンティストになりたい！という人に知ってもらいたい「とってもディープな私」

とってもPythonな「白石卓也」の場合

白石 卓也（しらいし・たくや）

●ソフトバンク・テクノロジー（株）データサイエンス部 エキスパートデータアナリスト
●東京大学 工学部卒、東京大学大学院 情報理工学系研究科 修士課程修了
●大学院終了後、ソフトバンク・テクノロジーに入社。情報システム・セキュリティ部に所属し、社内SharePoint、ワークフローの導入などに従事する。現在はデータサイエンス部において、マーケティングデータ、センサデータ等の分析を行っている。

データサイエンティストになる前

現在の部署、データサイエンス部に配属になる前、私は情報システム・セキュリティ部の社内SEでした。社内システムの導入や保守、ヘルプデスクを行っている部署です。新卒でソフトバンク・テクノロジーに入社したのち、2年間そこで働いていたのですが、上司から、「君は来年度からデータサイエンス部だから」と言われ、首根っこをつかまれて異動となりました。元の部署には残してきた仕事も多数あり、申し訳ない気持ちもありつつ異動しました。

そんな私ですが、学生時代は情報系の専攻で、大学の学部時代、院生時代に、Webマイニングや画像認識の研究を行っていました。このような研究分野では、機械学習の手法が頻繁に使われており、今ではデータサイエンティストとして仕事をしていますが、当時の私は、統計学が本当に嫌いで、なんでこんな学問が存在しているのかまったく理解できない、という状態でした。統計学に関する勉強は、院試に通るための最低限の勉強程度しか行っていなかった気がします。

そんな私が「機械学習」という単語を知ったのはそのころです。特に、私が最初に出会った機械学習手法がサポートベクターマシンだったのはラッキーだったと思います。サポートベクターマシンの最も簡単な実装では、統計学の「と」の字も出てきません。サポートベクターマシンは最適化問題（凸2次計画問題）を解くことによって動作するもので、統計学アレルギーのあった私には、機械学習入門として適していたのです。

もっとも、当時はこういった機械学習手法は、「道具」として使っていたにすぎず、理論的な理解が不十分なまま使用していたものもありますし、中身のアルゴリズムを自分で書くということも、ほとんど行いませんでした。しかし、少なくとも「道具」として使っていたということで、よくある間違い（たとえば、過学習の問題）などは身に染みて理解していました。データサイエンス部に異動するように命じられたときは、学生時代にやったことをやればいいのかなあ、と漠然と考えていました。

データサイエンティストになってみて

現在、私はデータサイエンティストになって3年目で、主に機械学習のシステム化とマーケティング系のデータ分析についての仕事を行っています。

まず、機械学習のシステム化は、研究開発レベルで統計や機械学習のモデル構築を行ってきた経験はあるが、運用可能なシステム化まで持っていけない、という顧客のために、システム化の支援を実施することです。

先ほど、私の大学時代の専攻が情報系だと述べましたが、ＩＰＡ情報処理技術者試験の、応用情報技術者試験程度であれば、少し復習すれば合格できる程度にはＩＴに親しんでいました。そういうこともあり、ただ機械学習のモデルを作るだけではなく、それを継続可能なシステムとして構築するというところまで顧客に対して提供できているのです。

さて、システムを構築するといっても、私のメインの仕事はモデルの構築部分で、システム周りの細かいところは別の部署の協力を仰いでいます。機械学習システムの構築は小規模なものから大規模なものまでありますが、それなりの規模になると、データサイエンティスト一人で構築することは難しくなるため、他のシステムエンジニアと連携してプロジェクトを進めることになります。しかし、システムの大まかな設計については別部署の方と一緒に考えますし、数百行程度のプログラムであれば、実装も行います。データを活用するという意味では、近年流行のＩｏＴや前々からあったビッグデータに絡む技術と接する機会も多いです。そんなとき、大学で学んだことや情報システム部門で学んだことが活きているように感じます。データサイエンティストのエンジニア的な側面が発揮できるタイプの仕事です。

一方で、マーケティング系のデータ分析では、主に広告の売上への貢献を測定するための統計モデルを構築するということをやっています。私はベイズモデルを構築して分析することが多いです。ＰｙＭＣ３というＰｙｔｈｏｎのベイズ統計モデリングパッケージを好んで使っています。こちらは先ほどの「システム化」とは異なり、私の苦手とする領域です。このタイプの仕事は、分析結果の解釈とそれをもとにした提言というものが重要で、要は報告会でどれだけ論理的におしゃべりできるかが重要になってきます。私はあまり人前で話すのが得意ではないので、報告会が一つ終わるたびに、私の精神がゴリゴリと削られていくのを感じています。データサイエンティストのコンサルタント的な側面が必要とされるタイプの仕事です。

データサイエンティストの仕事の魅力

データサイエンティストの仕事の魅力について、少し語ってみようと思います。

実は、私が一番楽しんでやっているのは、具体的な分析に入る前だったりします。つまり、顧客課題を聞き、それに沿ってこういった分析をしませんか、という提案資料を作っているときです。

提案には2種類あり、ある程度セオリー通りの分析手法ですむタイプのものがある一方で、他方、まったく新しいタイプの分析手法が必要になる提案があります。ビジネスとしては、前者のタイプの分析案件が間断なく続けば安定して利益を上げることができるわけで、大変結構なわけですが、個人的にはやはり後者のタイプが面白いです。こういった提案が必要な分析というのは、ややマニアックな分析が多いです。これは仕事とは無関係にやっていることですが、学生時代に勉強した教科書を押入れから引っ張り出して読みなおしてみたり、Ｇｏｏｇｌｅ Ｓｃｈｏｌａｒで関係しそうな論文を探してみたりと、どのような手法を用いて分析を行うのかを想像するのは楽しいものです。

この本では、ほとんどが回帰モデルの構築を前提とした失敗例を書いています。しかし現実の問題では、分類やレコメンデーション、クラスタリングといった問題も扱いますし、オンラインアルゴリズムやグラフ理論、待ち行列といった多種多様な手法や考え方が適用できます。

私は、スキさえあれば新しい手法を何とかして滑り込ませようとしています。もちろん、手法に過剰にこだわって分析の目的から逸脱するようなことにならないように注意しながらやっています。

データサイエンティストに必要だと思ったスキル

私がデータサイエンティストとして分析を担当した一回目の案件は、正直なところ不完全燃焼に終わってしまい、残念な結果となりました。それは、顧客が求めるアウトプットイメージが最後の最後まで確定せず、私のほうからも具体的な提言ができないまま終わってしまったものです。最後は自分なりに考えた分析の計算結果と簡単な解釈を説明して一応納得していただいたのですが、どうにも腑に落ちない、という表情をされてしまったのを覚えています。

その失敗があるまでは、データサイエンスと呼ばれる仕事は、データを分析アルゴリズムに入力してそれで終了、という仕事だと認識していました。実際、それだけで終わるようなケースもないわけではないですが、実際には、さまざまな分析過程や結果を顧客に見せながら、押したり引いたりして本当に望ましいと信じる方向に落としどころを見つける必要があります。

そのためには、まずは顧客の業務内容を正確に把握したうえで、期待を上回るアウトプットを見せる必要があります。データ分析では、いわゆる「業務知識」が必要になることも多いですが、それ以上に個別のより深い世界を分析の対象とすることが多いです。システムエンジニア向けに書かれた業務知識に関する教科書や、各種業界の入門書、そして顧客から提示されたデータの資料を読み込んでいき、そしてこれが最も重要なのですが、わからないことを顧客に質問する必要があります。この質問でどのくらい込み入った話ができるかが、個人的には分析プロジェクトの成否の分かれ目だと思っています。

自らの知らない分野に踏み込んでいき、勉強し、込み入った質問をする。これこそがデータサイエンティストに必要なスキルだと考えています。

スキルアップ方法

とはいえ、一般的な意味での「分析スキル」は必要です。

データサイエンティストに必要な分析スキルといっても多岐にわたりますし、これさえ身につけておけば大丈夫というスキルというのは特にないと思います。重要なのは、顧客の課題を聞いたときに、「あれ使えそうだな」といくつかの手法を思い出せるようになることです。そのためには、普段からさまざまなデータ分析の手法や事例を調べ、試しておく必要があります。

「調べる」といっても、能動的にセミナーや勉強会に参加するわけではなく、単に気になったブログやニュースのキーワードをRSSリーダーにとりあえず登録しておくだけです。

また個人的には、何かデータ分析や機械学習に関するシリーズをそろえて読んでみるというのがお勧めです。たとえば、岩波書店の「確率と情報の科学」シリーズや講談社の「機械学習プロフェッショナル」シリーズは、出たら必ず買うようにしています。これらの本は数式だらけですし、出版のペースのほうが読破のペースよりも速いことすらありますし、そもそも自分の分析業務には関係ない可能性のほうが高いです。それでも、買ったらとりあえずパラパラ眺めてみることにしています。そして、重要そうなキーワードを見つけては、その実装をＧｏｏｇｌｅ検索してみます。重要な手法であればあるほど、世界中の研究者たちの実装がＷｅｂ上に公開されているものです。また、実装が見つからなくとも、元となっている論文に擬似コードが書かれていたりします。こういった情報を基にして、自分の得意な言語で実装しなおしてみましょう。私の場合は、Ｐｙｔｈｏｎ（ＮｕｍｐｙやＳｃｉｐｙ）で実装しています。自分で実装してみると、高度な分析手法であってもわずか数行で記述できたりして自信がつきますし、処理時間にどれくらいかかるのかを知ることができます。また、厳密な数学的な理解が追いつかないとしても、「おおよそこういうことをやっているな」ということはわかるものです。

取り留めのない話となってしまったかもしれませんが、データサイエンティストに必要なのは、常に学びなおすという姿勢だと思います。それは、統計学や機械学習の知識に関してはもちろん、ＩＴやビジネス知識に関してもそうなのです。

とっても宇宙な「清水景絵」の場合

清水 景絵（しみず・あきえ）

●ソフトバンク・テクノロジー（株）データサイエンス部 データアナリスト
●筑波大学 自然学類卒、総合研究大学院大学 高エネルギー加速器科学研究科 5年一貫制博士課程中退 修士（理学）
●大学院終了後、システム開発会社へ入社。Webアプリケーションのシステム開発に従事する。その後ソフトバンク・テクノロジーに入社し、現在はデータサイエンス部において、マーケティングデータ、ヘルスケアデータ等の分析を行っている。

データサイエンティストになる前

元々私は、基礎研究に位置付けられる宇宙物理学の研究者を目指していました。中学生のころにスティーヴン＝W＝ホーキング『ホーキング、宇宙を語る』（早川書房）を読んで宇宙の始まりを自分の手で計算したいと思ったのがきっかけです。大学で物理学を専攻し、大学院で本格的に宇宙物理学の研究に従事しました。

成績の良し悪しは置いておいて、考えることが好きでした（実を言うと成績は悪かったです。大学院入試では面接官に「なぜこんなに成績が悪いのか」と聞かれたほどです）。大学時代は競技ダンスのサークルに参加していたのですが、うまくできない技があると、どうやればうまくできるようになるか考察してブログにまとめたりしていました。他にも、授業で「これは面白い、よく考えてみたい」と思った事項があればメモしておいて電車に乗っている時間に考えたりしていました。

大学院時代の研究テーマは、望遠鏡から得られるデータを解析してニュートリノという素粒子の質量検出の可能性を、理論と実験の両方から検証するというものです。

大学院で習得したスキルは

- ＦＯＲＴＲＡＮ、ＭＡＴＬＡＢ、Ｐｙｔｈｏｎなどでのプログラミング
- Ｌｉｎｕｘの取り扱い

- 他の研究者が作成したソフトウェアのカスタマイズ
- 計算機クラスタの管理
- パワーポイントによる資料作成（学会発表や学位論文の審査を通じて）

などでした。今思うとまだまだ拙かった部分はありますが、企業でとりあえず「分析業務ができる」レベルにはなっていたのではないかと思います。また、海外の大学と連携して進めるプロジェクトに参加していたので、わからないことがあれば相手がどんな人であろうとも（日本人じゃなくても、すごい大学の偉い先生でも、大学の事務の人でも、研究会で会っただけの人でも）わからないことは臆せず聞きに行く度胸がつきました。

データサイエンティストになってみて

就職当初は、実はただただ無気力で何もやる気がありませんでした。中学生からの10年間にわたって研究者を目指していましたので、この道を諦めることになってからは目標もなく特に就きたい職もなかったからです。とりあえずプログラミングができるからということで、転職エージェントにWebアプリケーションの開発をする会社を勧められ、入社しました。プログラミングもできるし、Webページを作るのも好きでしたので、楽しめるだろうと思っていました。甘かったです。分析で使っていたプログラミングとシステム開発で使うプログラミングはまったく性質が異なるものでした。そして、システム開発に使うＩＴ技術にさほど興味がないとわかってしまい、また悩みはじめてしまいました。そんなときに「親会社でデータ分析チームが立ち上がった。経歴を活かしてぜひやってみないか」と声がかかり、異動することになりました。分析業務はとても楽しいです。課題設定をして、データを集め、そこから導き出される結論をまとめるという一連の流れは研究ととても似ていました。

今、主に担当している業務は３つに分けられます。広告の評価とヘルスケア分析、そして機械学習アルゴリズムの構築です。広告評価のお客様は、たとえばＥＣサイト運営企業、小売業が主です。どの業務でも具体的な業務内容は同じです。営業担当者と一緒にお客様を訪問して現在抱えている課題をヒアリングする、それに対して関連するデータを送ってもらう、提案内容を考えて資料にまとめる、データ整備のためにスクリプトを書く、分析結果をまとめて報告する、です。

私の所属しているチームはまだ立ち上がって数年しか経っておりませんので、途中で社内調整が必要になってくることがあります。自チームでは解決できないこともありますので、他の部署に相談しにいくこともあります。たとえば数百ギガバイトのデータがあるのだけど今あるマシンでは処理できない、どうしようというようなことです。そのときは他部署に百ギガバイト超のメモリを載せたマシンがあるということがわかったので、お願いして貸していただいたことがあります。

普段やっていることの実感としては、社内調整と報告資料作成が多いです。データサイエンティストは新しい職種ですので、どこの企業もビジネスモデルの確立が課題です。弊社でもどんどんビジネスモデルを作っていかなければなりませんので、アイディアがあれば社内調整してサービスの立上げをすることもあります。

さて、データサイエンティストになってみて少しカルチャーショックを感じたことがあります。スピード感と許容誤差の範囲の違いです。

民間企業で求められるスピード感はとても速く感じられました。物理学は、アインシュタインの相対性理論に代表されるような普遍的な原理から今自然界で起こっている現象をできるだけ正確に理解しようとする試みです。ですから、1つの分析結果を出すのに実験結果が得られてから10年近くかかることもあります。一つ一つの分析ステップに対して膨大な検証をし、間違いがないか丁寧に解析を進めていきます。そんな世界にいましたので、ビジネスデータ分析でのスピード感には大変驚きました。宇宙物理学の分析の具体的なタイムスケールは、最短1年、私の研究テーマでは博士課程に在学している5年、物理学の業界全体でやるような大規模なプロジェクトでは10年単位で行います。一方、ビジネスでは、2カ月程度で成果を求められることがあります。9月に新商品をリリースするので7月と8月で分析して施策の方向性を教えてほしいと、6月の終わりごろに依頼されることがあります。

民間企業で許容される誤差範囲は広いです。物理学で求められる精度は5σ、約0・0001%です。この確率で帰無仮説を棄却しなければ新しい発見とは認められない世界です。ビジネス分析をはじめたころは0・0001%とまでいかなくても1%の誤差ぐらいまでは正しい分析をしなければいけないと思って丁寧に分析をしていました。しかし、ビジネスを取り巻く状況は時々刻々と変わっていくので、1%の誤差に囚われていつまでも分析しているわけにはいきません。1カ月や2カ月でそんな高い精度は出せませんし、そもそも求められていません。依頼者の意思決定をするのに必要な精度があれば十分です。こうして、スピード感と許容される誤差の違いに驚きました。

データサイエンティストになって、というより民間企業でデータ分析を始めたばかりのときに困ったことは、この分野で求められている分析の考え方がまったくわからなかったことです。物理学は自然科学ですが、民間企業で求められる分析の多くは社会科学に属します。自然科学の分析は基本的に実験や観測でデータを取得して、再現性を確認しながら仮説を確かめていきます。実験では条件を厳しく管理して行うので、因果関係を極めて厳密に検証することができます。説明変数が少ないからです。しかし、社会科学は基本的に二度と観測のできないデータを元に仮説を検証することになります。企業のデータもそうです。広告と売上の効果を見るために条件を変えて実験しましょうと言っても、そんなことをして売上が下がっては困ります。社会情勢もどんどん変わるので、たとえば広告の出稿金額などの条件を変えても売上との因果関係は明確にはわかりません。広告以外にも売上に関係する説明変数は膨大な数に上ります。実験ができないこと、説明変数が膨大なこと、この2つに初めて直面したので、分析しようと思ってもどこから手をつけていいのかさっぱりわかりませんでした。

幸い、弊社の分析チームの上司たちは社会科学出身だったり、マーケティングの分析に精通した方々だったりしましたので、わからないことはどんどん聞いて、というよりやり方を一から十まで教えてもらいながらやってきました。

ちなみに、このように一度しか観測できないデータの分析方法は、統計的因果推論と呼ばれる分野で研究されています。理工系出身で民間企業の分析をしたい人がいれば、この分野を勉強してみるといいと思います。森田果『実証分析入門』（日本評論社）や、星野崇宏『調査観察データの統計科学』（岩波書店）を一読されると雰囲気がつかめると思います。

データサイエンティストの仕事の魅力

データサイエンティストの仕事の魅力は、自分の中だけで完結していた知的好奇心が人の役に立つということです。基礎研究は数年のスパンで社会の役に立つことはほとんどなく、研究に対する私のモチベーションは自分自身の知的好奇心だけでした。民間企業でのデータ分析は、基本的に誰かの課題解決のために存在します。良い課題設定ができて良い分析ができると依頼者にとても感謝してもらえます。睡眠不足が続いて体力的につらいこともあるのですが、「良い分析をありがとう」と言ってもらえると苦労が吹き飛びます。研究していて、それまでわからなかったことがわかるようになるというのも喜びではあったのですが、やっぱり直接誰かに喜んでもらえるのは嬉しいことです。

データサイエンティストに必要だと思ったスキル

「データサイエンティスト」とひとくくりにされてしまいがちですが、人によって携わっている業務はさまざまです。機械学習をシステムに組み込むエンジニアリングが主の人、お客様の施策の方向性を考えるコンサルティングが主の人、データ分析の方法を教える教育が主の人、と多岐にわたります。それぞれの業務で必要とされる知識は違ってくるのですが、一番おおもとになっているのは線形代数・統計学・微分積分・プログラミングです。データ分析業務従事よりも前にこれらの経験がないと厳しいでしょう。ただ、大学で単位を取得したレベルでもよいと思います。私が主としている業務はお客様の施策方向性を決めるためのコンサルティングで、こちらに求められるスキルは、課題設定力と思考力・資料作成能力などです。これらの能力は、大学院での研究を通しても磨かれますが、実務で磨いていくのが一番です。

お勧めの分析言語はR言語（https://www.r-project.org）とＰｙｔｈｏｎ（https://www.python.org）です。R言語は統計パッケージが豊富ですので、少ないコマンドで統計計算が終わります。ただし、R言語はデータの前処理が苦手です。データの前処理はＰｙｔｈｏｎのほうが平易です。さらに、解析的な計算にはＷｅｂ上で解析計算ができるＷｏｌｆｒａｍＡｌｆａ（http://www.wolframalpha.com）をお勧めします。手で解析計算すると間違うことも多いので、活用するといいでしょう。

研究者を目指して博士課程に進学したけれど、いろいろな事情から諦めて民間企業に就職する学生も多いでしょう。研究もデータ分析の「考える」ことが根幹にある仕事です。考えることが好きで研究を志望していた人の進路の一つとして、データ分析を心からお勧めします。

スキルアップ方法

スキルアップとしては、とにかく本をたくさん読むことを心がけています。気になった本の中には専門書も多いです。専門書は難解ですのでなかなか読み進みません。仕方がないので、難しい本はお風呂の中で読むようにしています。購入した専門書はいさぎよくPDF化して、湯船に浸かりながら読み進めます。ずっと浸かっているとのぼせてしまうので、1回に読める量は少ないのですが、毎日続けているといつの間にか読み終わっています。2〜3カ月かかることも多いですが、読まないよりは遥かにましです。読み終わるころにはその分野の「肌感」が身についていて、業務に役立つことが実感できます。

私には、ぜひあなたに読んでいただきたいお勧めの書籍があります。先ほども記載しましたが、星野崇宏『調査観察データの統計科学』(岩波書店)です。特に理工系からデータ分析の仕事に移る人には必読の書です。理工系では、基本的に実験や観測でデータを得てから解析します。しかし、民間企業で求められるデータ分析の多くは社会科学に属するもので、実験はできません。二度と得られない再現性のないデータから仮説を立てて分析する必要があります。そういうデータの考え方を書いているのがこの本です。専門書なので難解ですが、流し読みして調査観察データ取り扱いの「肌感」をつかむことを優先してみてください。

●著者紹介

高橋 威知郎（たかはし・いちろう）
ソフトバンク・テクノロジー㈱　データサイエンス部　シニアコンサルタント
内閣府（旧総理府）およびコンサルティングファームなどを経て現職。官公庁時代から一貫してデータ分析業務に携わる。退官後、ビジネスデータを活用した事業戦略およびマーケティング戦略、製品開発、マーケティングＲＯＩ、ＬＴＶ、統計モデルの構築等のコンサルティングを行う。

白石 卓也（しらいし・たくや）
ソフトバンク・テクノロジー㈱　データサイエンス部　エキスパートデータアナリスト
新卒でソフトバンク・テクノロジー㈱に入社。学生時代は、Ｗｅｂマイニングや画像認識の研究をしていた。入社時は、情報システム・セキュリティ部に所属し、社内ＳｈａｒｅＰｏｉｎｔ、ワークフローの導入などに従事。現在は、主にＩｏＴ領域にてセンサデータ等の分析および予測モデルの構築、分析コンサルティングを行っている。

清水 景絵（しみず・あきえ）
ソフトバンク・テクノロジー㈱　データサイエンス部　データアナリスト
システム開発会社を経て現職。学生時代は、宇宙物理学の領域でニュートリノの質量検出可能性の研究をしていた。前職では、Ｗｅｂアプリケーションのシステム開発に従事。現在は、主にヘルスケア領域にてヘルスケアデバイスデータ等の分析および予測モデルの構築、分析コンサルティングを行っている。

●アンケートWeb

本書をお読みいただいたご意見、ご感想を以下のURLにお寄せください。

http://isbn.sbcr.jp/89623/

最後の「/」（スラッシュ）も必要です。ご注意ください。

データサイエンティストの秘密《ひみつ》ノート

35の失敗事例《しっぱいじれい》と克服法《こくふくほう》

2016年11月21日　初版発行

著　者：高橋威知郎《たかはしいちろう》、白石卓也《しらいしたくや》、清水景絵《しみずあきえ》

発行者：小川　淳
発行所：SBクリエイティブ株式会社
〒106-0032　東京都港区六本木2-4-5
販売　03(5549)1201
編集　03(5549)1234
組　版：スタヂオ・ポップ
印　刷：中央精版印刷株式会社

装　丁：米谷テツヤ
本文イラスト：武内未英

Printed in Japan　ISBN978-4-7973-8962-3